Angeln ist irre · Die 50 besten Geschichten

Martin Wehrle

ANGELN IST IRRE

Die 50 besten Geschichten

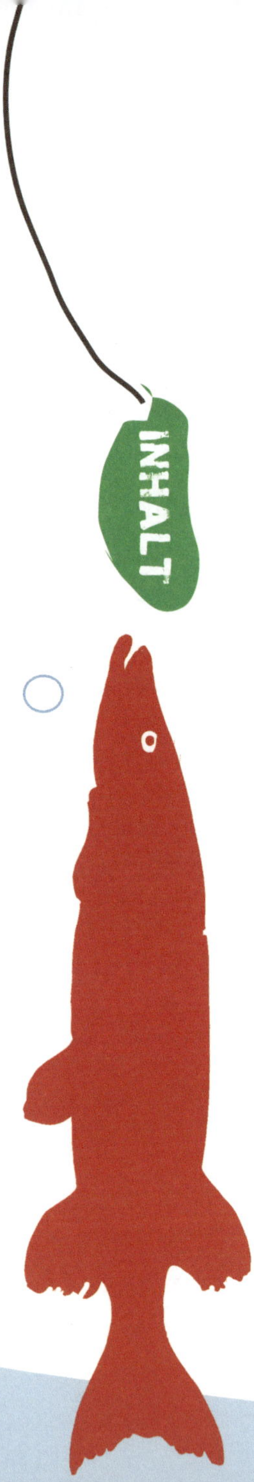
INHALT

EINLEITUNG

Der ewige Jackpot
Die alte Dame kann sich nicht mehr zügeln. Seit einer Viertelstunde steht sie am Flussufer hinter mir. Offenbar hat sie erwartet, dass ich wie ein Zirkuskünstler mit gefangenen Fischen jongliere. Doch nichts hat sich gerührt. Nun fragt sie mich in einem Ton, aus dem ihr Mitleid wie süßes Flavour tropft: »Wird das denn nicht langweilig, junger Mann?«

Diese Frage ist so klug, als wollte man von einem Formel-1-Piloten bei voller Fahrt wissen: »Warum bewegt sich Ihr Wagen nicht von der Stelle?« Selbst ein Angeltag, an dem nichts beißt, ist spannend wie ein Krimi – weil etwas beißen könnte! Jede Sekunde, die unser Köder im Wasser ist, können wir den Jackpot knacken, den Fisch unseres Lebens fangen. Angeln bedeutet höchste Spannung.

Was tun zwei Angler, wenn sie sich treffen? Sie tauschen sich aus über ihre Abenteuer. Das passiert überall: am Ufer, am Stammtisch, im Internet-Forum. Gute Angelgeschichten sind begehrt wie kapitale Fische. Nur fängt man sie mit den Ohren ein. Und mit den Augen! Das Lesen spannender Angelstorys gilt als zweitschönste Sache der Welt – und in der Schonzeit sogar als die schönste.

In diesem Buch habe ich meine 50 besten Angelgeschichten aus zwei Jahrzehnten versammelt. Wer gerne schmunzelt, dessen Lachmuskeln werden von humorvollen Kurztexten gereizt. Wer die Spannung liebt, den erwarten Angel-Kurzkrimis, an deren Ende keine Mörder, sondern große Fische verhaftet werden. Und wer gerne übers Angeln philosophiert (oder: fischosophiert), darf sich auf heitere Denkanstöße freuen, in schelmische Geschichten verpackt.

Die Storys sind aus dem Anglerleben gegriffen (auch wenn ich jetzt aus juristischen Gründen behaupten muss, dass jede Ähnlichkeit mit real existierenden Anglern, vor allem mir selbst, rein zufälliger Natur ist ...)
Wen hat es nicht schon mal gejuckt, seinen Wobbler in ein Schongebiet zu werfen, weil dort ein Hecht raubte? Aber was, wenn plötzlich der Aufseher hinter einem steht und ein Entzug der Vereinsmitgliedschaft droht?
Wer könnte nicht auf die Idee kommen, den Ohrenschmuck seiner Freundin als Zocker beim Eisangeln zu verwenden, sofern er wüsste, dass es

keinen besseren Barschköder gibt? Aber was, wenn plötzlich ein Hecht mit dem Schmuck durchbrennt, während die Freundin daneben steht? Und wer wäre nicht stinksauer, wenn der Wels seines Lebens, den er zu drillen meint, nur eine Taucherflosse trägt – und wenn sich zwei Kollegen einen Spaß mit ihm erlaubt hätten?

Aber die Geschichten nehmen überraschende Wendungen: Was, wenn das Schongebiet gar kein Schongebiet war? Wenn der Ohrenschmuck auf kuriose Weise wieder auftaucht? Wenn der Wels eben doch keine Taucherflosse trug, obwohl der Angler vor Wut seine Schnur durchgeschnitten hat? Dann zappelt eine kapitale Überraschung am Lese-Haken.

Vielleicht sollte ich der alten Dame ein Exemplar dieses Buches schenken – dann erfährt sie endlich, warum wir Angler uns niemals langweilen!

Viele spannende Stunden, am Wasser und mit diesem Buch,
wünscht allen Lesern

ENGEL IN GUMMISTIEFELN

Wenn Sie Angelbücher lesen, kennen Sie solche Sätze: »Für Frieda, meine Frau, die mich in all den Angelstunden entbehren musste.«

Die Autoren gehen in ihren Widmungen davon aus, zu Hause wehe die Flagge auf Halbmast, sobald sie am Wasser sind. Die Frau dreht Däumchen. Die Kinder fragen pausenlos nach dem Vater. Und die Heimkehr verspricht ein einziger Triumphzug zu werden, auch ohne Beute.
Mal ehrlich: Wer hat nicht schon frühzeitig die Segel(pose) gestrichen, weil ihn am Wasser das schlechte Gewissen übermannt hat? Während wir haben, was wir brauchen – Wasser und Fisch –, fehlt es zu Hause am Wichtigsten: an uns! Auch mir saß das schlechte Gewissen lange wie ein Fischegel im Genick. Bis mir auffiel, dass meine Liebste, wenn ich länger nicht angeln war, Bemerkungen machte wie: »Schau mal, draußen gewittert es. Ob heute nicht die Aale ...« Oder: »Sieh doch, ein Platzregen. Das müssten doch neue Meerforellen in den Fluss ...« Oder: »Diese vielen Mücken heute Abend! Da wäre ich gerne eine Forelle im Bach ...« Dieses Anfutter verfehlte seine Wirkung selten. Ich sprang in meine Stiefel, schnappte die Ruten und brauste davon. Wenn nicht, wurde sie noch deutlicher: »Ich habe heute das letzte Zander-Filet aus dem Eisfach genommen. Du hast nicht vergessen, dass wir die Müllers auf Zander eingeladen haben?«
Vor ein paar Tagen habe ich sie zur Rede gestellt. »Ja«, sagte sie, »ich bin manchmal ganz froh, wenn du beim Angeln bist! Dann habe ich endlich ein paar Stunden für mich. Kann in Ruhe ein Buch lesen. Stundenlang telefonieren. Oder «Vom Winde verweht« schauen, obwohl auf dem anderen Kanal Fußball läuft.« »Und außerdem ...« Jetzt zögerte sie wie eine Schleie beim Biss.
»Außerdem?« hakte ich nach.
»Und außerdem: Wenn du scharf aufs Angeln bist, vermisse ich dich so wenig wie der Hecht den Drilling. Mit Entzugserscheinungen bist du nämlich nicht auszustehen! Aber wenn du zurückkommst« – ein Lächeln flog über ihr Gesicht – »dann bist du ein wahrer Engel.«
Jetzt wissen Sie zweierlei: Warum in diesem Angelbuch keine Widmung steht; und warum ich so oft ein Engel bin!

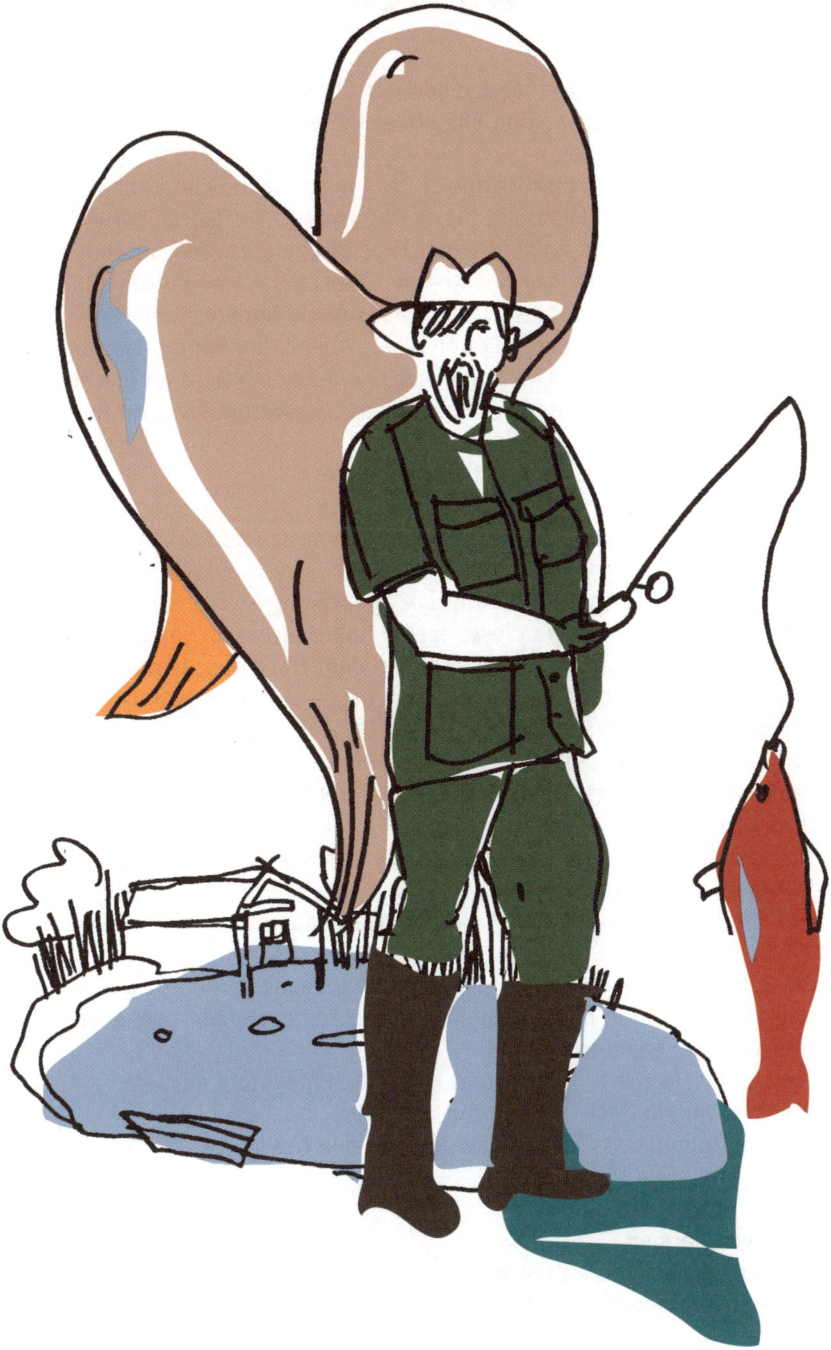

DIE GERAUBTEN JUWELEN

Eines Tages kam Gerd die Idee, einen ganz besonderen Köder zu versuchen. Und plötzlich hing seine Ehe am seidenen Faden.

Die Idee war verrückt, total verrückt! Dass mein Freund Gerd auf sie kam, daran war der BLINKER schuld, die Fachzeitschrift. Vor Jahren hatte Gerd darin den Artikel eines holländischen Experten gelesen. Der beschrieb, mit welch absurden ›Ködern‹ er Hechte fing. Die Fotos waren spektakulär. Ein Hecht hatte ein Krokodil aus Plastik im Maul. Ein anderer tobte am Drilling einer dunkelhäutigen Puppe. Eines Abends im Winter, als wir Glühwein in der Vereinskneipe tranken, erinnerte sich Gerd an diesen Artikel. »Wir gehen doch morgen zum Eisangeln. Womit wirst du fischen?«
»Mit Zocker«, sagte ich.
»Wie langweilig! Damit angelst du doch immer.«
Ich zuckte die Schultern: »Warum auch nicht?«
»Weil du auch mal was anderes versuchen könntest. Was Spektakuläres, meine ich.«
»Zum Beispiel?« Er sah sich um in der Vereinskneipe.
»Zum Beispiel könntest du dieses kleine Sparschwein anbieten!« Er deutete auf das rosa Schweinchen neben dem Tresen, in dem der Wirt Geld für einen wohltätigen Zweck sammelte.
»Du spinnst!« gab ich zurück.
Er konterte: »Was in Holland klappt, funktioniert auch bei uns!« Schon grabschte er nach dem Sparschwein. Doch der Wirt haute ihm auf die Finger.
»Nix da! Da könnte ja jeder Trickbetrüger kommen. Ein volles Sparschwein als Angelköder einstecken!«
Gerd zog beleidigt seine Hand zurück. »Wäre ja auch schwierig gewesen, dem Schwein einen Drilling zu verpassen.«
War Gerd schon betrunken? Ich appellierte an seine Vernunft:
»Wie viele Schweine mögen einem Hecht in seinem Leben begegnen – unter Wasser, meine ich?«
»Genauso viele wie Krokodile und Puppen«, antwortete er.
»Aber wir wollen doch auf Barsche angeln!«
»Wer sagt denn, dass Barsche keine Schweine fressen?!«

Köder von Carmen

Am nächsten Morgen hatten wir uns für 8 Uhr über dem Barschberg vor der Insel verabredet. Der Morgen war kalt und klar, bei jedem Ausatmen

blies ich kleine Wölkchen in die Luft. Der Pulverschnee knisterte unter meinen Schritten. Gerd war schon am Platz, hatte das Loch gebohrt und montierte seinen Köder. Zu meiner Erleichterung kein Schwein, kein Krokodil und auch keine Puppe.
Offenbar setzte er auf einen Zocker, einen langen silbernen. Der Köder war schlank geformt, mit rotem Glitzerschmuck am Ende. Mir war, als hätte ich ihn schon einmal gesehen. Nur wo? Da dämmerte es mir: »Das ist doch Carmens Ohrring!«
»Der Kandidat hat hundert Punkte!« gab er zurück.
»Das ist der Ohrring meiner Frau. Ich hab' doch gesagt, dass ich heute was Besonderes versuch'.«
»Weiß Carmen was davon?«
Er schüttelte den Kopf. »Bin doch nicht verrückt! Der Schmuck ist 500 Euro wert.« Mit fliegenden Fingern zog er einen Drilling ein und sicherte die einzelnen Glieder des Schmucks mit Sprengringen. Er sah mich treuherzig an: »Ich habe daran gezogen: Hält perfekt! Beste Qualität, gegen Kratzer unempfindlich – hat mir damals der Juwelier versichert. Schließlich ein Geschenk von mir!«
Mir wurde mulmig. Zwar war Carmen eine bezaubernde Frau. Aber wenn Gerd Bockmist baute, konnte sie äußerst ungemütlich werden. Ich versuchte, ihm ins Gewissen zu reden: »Und wenn du den Ohrring abreißt?«
»Hatten wir hier jemals einen Hänger beim Zocken? Nun sei doch kein Hasenfuß, ein bisschen Risiko muss sein.«

Verbotene Gedanken

Na gut, er wollte es nicht anders! Wir befischten mit unseren kurzen Ruten zwei Eislöcher nebeneinander. »Da!« rief Gerd. Seine Rute bog sich. Er pumpte den ersten Barsch an die Oberfläche. Nur der kleine Drilling saß im Maul, der Schmuck baumelte unberührt darüber. »Was sagst du nun?« grinste er mich an. Ich schwieg. Erst recht, als er den zweiten, dritten und vierten Barsch fing. Alle auf den Ohrring-Zocker. Bei mir tat sich gar nichts. In Gedanken ging ich die Schmuckschatulle meiner Liebsten durch. Ich glaube, sie besaß fünf Ohrringe. Ein silberner, ich sah ihn vor mir, hätte sich ausgezeichnet geeignet. Und wie stand es mit dem Anhänger des Kettchens?
Inzwischen strahlte die Sonne. Neben Gerd lagen acht prächtige Barsche auf dem Eis. Die orangen Brustflossen leuchteten auf dem Schnee wie die letzten Herbstblätter. Hinter mir lag nur ein winziges Bärschlein. Da sahen wir von weitem einen Spaziergänger, der auf uns zusteuerte. Es war eine Spaziergängerin, die langen schwarzen Haare wehten im Wind. »Mist!« schimpfte Gerd. »Carmen!« Normalerweise tauchte sie nie am Wasser auf. Aber heute, an diesem Wintertag wie aus dem Bilderbuch ... »Petri Heil!«

grüßte sie. »Sieht aus, als würde es beißen!« Sie ging um die Barsche herum, gab Gerd einen Kuss und schaute erwartungsvoll auf das Eisloch. Was, wenn Gerd jetzt einen Biss bekam? Er müsste den Fisch nach oben holen, und Carmen würde sehen ...

»Erkälte dich nicht, Schatz!« stammelte Gerd.

»Ja, Carmen«, fiel ich ein, »die Kälte von unten ist nicht zu unterschätzen, du solltest wieder ans Ufer gehen!«

»Sieht aus, als wolltet ihr mich los werden!«, gab sie zurück. »Aber so einfach ist das nicht. Ihr müsst mich wenigstens überzeugen, dass diese Barsche nicht vom Fischhändler sind!«

Flehender Blick

Gerd warf mir einen flehenden Blick zu: Bitte, fang' du einen! Und ich ließ meine Rutenspitze tanzen, während Gerd seinen Zocker so still wie möglich hielt. Nur sein sichtbares Zittern übertrug sich in die Tiefe.

»Ach übrigens«, hob Carmen an, »hast du eine Ahnung, Gerd, wo mein Lieblingsohrring ist? Der mit dem roten Diamanten? Ich hab ihn heute Morgen vergeblich gesucht.« – »Keine, keine Ahnung!« stammelte Gerd.

»Merkwürdig«, murmelte sie.

Wahrscheinlich hat Gerd in diesem Moment besonders gezittert. Jedenfalls geschah es: Seine Rute wurde mit einem mächtigen Ruck nach unten gerissen. Die feine Spitze peitschte aufs Wasser und federte zurück.

»Hol' ihn hoch!« feuerte ihn Carmen an. Aber alles, was Gerd nach oben kurbeln konnte, war die bloße Schnur. Hechtbiss, durchgescheuert!

Gerd war völlig aus dem Häuschen. »Es tut mir leid, es tut mir so leid, mein Schatz, ich wollte doch nicht ...« Carmen lachte, als hätte sie einen kleinen Jungen vor sich. »Du bist süß! Ist doch nicht schlimm. War doch nur ein Fisch!«

»Aber, aber ...« Als Carmen wieder gegangen war, saß mein Freund Gerd wie ein Häufchen Elend auf dem Eis. »Was mach' ich jetzt bloß? Der Ohrring ist doch ein Unikat, den krieg' ich nicht wieder. Sie wird sich scheiden lassen!«

»Mit Recht!« sagte ich.

Brocken im Drill

Da flitzte meine Rutenspitze nach unten. Die Bremse kreischte. Der Fisch sauste davon wie die Feuerwehr. Zehn, zwanzig, dreißig Meter Schnur fetzten von der Rolle. Ich steckte die Spitze unter Wasser, damit die Schnur am Eisrand nicht aufscheuern konnte. Gerd und ich sahen uns fassungslos an. Was hatte ich nur gehakt? Der Fisch hatte Kraft für zwei. Er machte an der 20er Schnur, was er wollte. Nicht ich drillte ihn, er drillte mich! Nach einer Viertelstunde war ich sicher: Dieser Brocken würden nicht zu landen sein. Zumal das Eisloch zu schmal war. Während ich drillte, bohrte Gerd ein Loch direkt daneben und schaffte den Durchbruch. Nach über 30 Minuten hatte sich das Blatt gewendet: Der Fisch war reif zur Landung! Es war ein Riese, ein Hecht von über 25 Pfund! Der Zocker saß ganz vorne im Maul, Gerd schnappte den Räuber im Kniemengriff. Wir jubelten. Wir tanzten. Gewöhnlich trennten sich unsere Wege nach dem Angeln sofort. Doch diesmal wollte Gerd nicht nach Hause zu Carmen, wo eine Beichte fällig war. Stattdessen begleitete er mich und sah mir beim Ausnehmen zu. Ich schnitt den Magen auf. Da glitzerte etwas. Silbern und rot. Noch am selben Abend lag der Ohrring wieder in der Schatulle. Carmen hat die Wahrheit nie erfahren.

VERRÄTER IM BAUM

Der neue Wobbler schien sich als Glücksbringer zu erweisen. Doch an einem Tag im November nahm das Schicksal seinen Lauf ...

Alles fing harmlos an. Nämlich mit einem Wobbler, den mir meine Arbeitskollegen zum Geburtstag schenkten. Der legendäre Wobblerbauer Peter Biedron hatte ihn von Hand geschnitzt – exklusiv für mich, wie ein Schriftzug auf dem Bauch des Köders verriet: MARTIN WEHRLE, mein Name, stand dort in fetten Lettern. Meine Brust schwoll, als wenn ein Zander seinen Kamm aufrichtet. Der Wobbler war hellblau, hochrückig und zehn Zentimeter lang. Seine Tauchschaufel schimmerte messingfarben. Im Wasser lief er einen verlockenden Zick-Zack-Kurs. Die Hechte waren so tief beeindruckt, dass sie mein einschlägig bekannter Namenszug nicht abschrecken konnte: Gleich am ersten Tag fing ich acht Maßige! Ich angelte im Ketzensee, einem idyllischen Vereinsgewässer. Der Hechtbestand konnte sich sehen lassen. Nur die Kapitalen hatten einen Fehler: Sie standen bis in den späten Herbst in der Falken-Bucht. Und diese Bucht hatte ebenfalls einen Fehler: Sie war Schongebiet!

Kapitale im Blick

So hatte ich es mir zur Gewohnheit gemacht, an jedem Angeltag zumindest einen Blick auf die Meterhechte der flachen Falken-Bucht zu werfen. Im Sommer hingen sie träge unter der Oberfläche. Im Herbst raubten sie oft, dass die Rotfeder-Schuppen nur so rieselten. Mein blauer Wobbler erwies sich als blaues Wunder! Früher war ich froh, wenn ich am Ketzensee zwei Hechte pro Tag fing. Jetzt war ich enttäuscht, wenn es nicht mindestens fünf waren. Gegen Ende der Saison war mein blauer Wunderköder von Hechtzähnen durchlöchert, als hätten ihn ein paar Ladungen Schrot getroffen. Aber er fing immer noch wie am ersten Tag.

Das Unglück passierte im November: Hänger! Der blaue Wobbler saß knapp unter der Oberfläche an einem Baumstamm fest. Ich ruckte, zerrte und schüttelte – doch bekam ihn nicht los. Mit einem hässlichen Knall riss die Schnur.

Verlockender Schwall

Jeden anderen Köder hätte ich neu beim Händler kaufen können. Diesen nicht! Ich hatten einen Wobbler verloren, den es so kein zweites Mal gab, ein echtes Einzelstück. Da ich es versäumt hatte, den Köder zu fotografieren, wäre auch das Nachbauen zum Problemfall geworden. Meine Hechtfänge stürzten ab, die anderen Köder versagten. Der November neigte sich schon dem Ende, als ich einen letzten Versuch am Ketzensee unternahm. Es war ein nebliger Morgen. Der See dampfte wie eine Waschküche. Ich angelte am Rand der Falken-Bucht mit einem silbernen Wobbler. Die mächtigen Äste einer Birke ragten in die Bucht. Ringe an der Oberfläche deuteten auf die letzten Rotfedern im Flachwasser hin. Und schon rollte ein Schwall dazwischen, und ein Schwanzhieb peitschte das Wasser. Mein Puls begann zu rasen; die Hechte raubten! Nun werden Sie fragen: Wäre es denn so schlimm gewesen, mal einen Wurf in diese Bucht zu riskieren? Ja! Schon drei Mitglieder waren deshalb aus unserem Verein geflogen. Da

verstand unser Aufseher Franz Falken, nach dem die Bucht benannt war, keinen Spaß.
Am wenigsten dann, wenn er von den Anglern auch noch faule Ausreden für ihren Sündenfall zu hören bekam.

Eisvogel mit Drillingen?
Gegen 10 Uhr hob sich der Morgennebel. Ich war auf der legalen Seite, aber auch ohne jeden Biss geblieben. Gerade wollte ich mich zum Gehen wenden, da sah ich einen Eisvogel. Er saß in den Birken-Ästen über der Falken-Bucht. Einen Eisvogel? Ich schaute noch mal hin: Das war ein Wobbler, der dort hing – mitten im Schongebiet. Wenn das Franz Falken sähe! Ein wenig Schadenfreude überkam mich; immerhin hatte ich tapfer der Versuchung widerstanden. Offenbar im Gegensatz zu einem ungeschickten Kollegen. Der Wobbler hatte eine gewisse Ähnlichkeit mit meinem blauen Wunderwobbler. Vorsichtshalber zog ich mein Fernglas aus dem Rucksack. Auf dem weißen Bauch des Köders las ich fett in schwarzen Lettern: MARTIN WEHRLE. Mein Herz hämmerte. Wie, um Himmels Willen, war mein Wobbler hier gelandet? Es sah aus, als hätte ich meine Visitenkarte im Schongebiet hinterlassen. Kein Mensch hätte bei dieser Beweislage an meine Unschuld geglaubt!
Panisch sah ich mich um. Noch keine Spur von einem anderen Angler. Ich musste handeln, bevor es zu spät war! Also ließ ich meine Rute liegen, lief in die Bucht, kletterte auf die Birke und hangelte mich langsam nach vorne. Der Ast bog sich bedrohlich durch. Wie ein Affe hing ich dort. Mein Hinterteil wippte fast ins kalte Wasser. Doch mit langem Gorilla-Arm bekam ich den Wobbler zu fassen.

Tarzan am Stamm
Da knackte es, der Ast brach, das Wasser spritzte. Doch ich hatte den Wobbler schon an die Weste gesteckt und mit der linken Hand einen stärkeren Ast gefasst. So hing ich über der Bucht. Eine Schrecksekunde verharrte ich. Dann hangelte ich mich wie Tarzan zurück zum Stamm der Birke. Als ich zurück am Ufer war, währte die Freude nur ein paar Schritte lang. Bei meiner Rute erwartete mich Franz Falken. »Martin, darf ich erfahren, was du in der Birke gemacht hast?« »Ich, ähm, ich wollte, ich dachte ...« Da klatschte es wieder in der Bucht, Kleinfische spritzten aus dem Wasser. »Die Hechte – ich habe sie beobachtet! Ohne Rute natürlich.« Falken sah mich skeptisch an. Hatte er den Wobbler bereits im Baum gesehen und womöglich auch meinen Namen entziffert?
»Und das soll ich dir glauben?« knurrte er.
»Warum denn nicht?«
»Weil ich von dem Wobbler im Baum weiß.«

»Dem Wo-, Wobbler?« Nun hatte ich verloren. Alle Indizien sprachen gegen mich.
Gleich würde er mir auch noch den Wobbler abnehmen und freudig meinen Namen lesen. Dann konnte ich meine Papiere abgeben und meinen besten Hechtsee vergessen.
Mir blieb nur eines: die Flucht nach vorne! Wenn Falken eines hasste, dann waren es Ausreden! Warum sollte ich nicht so tun, als hätte ich tatsächlich im Schongebiet geangelt? Und würde alles bitterlich bereuen? Vielleicht konnte ich so meinen Hals aus der Schlinge reden!

Schuld und Sühne
Also bekannte ich mich schuldig. In einer dramatischen Rede von Schuld und Sühne schilderte ich, wie mich der Teufel geritten und im Schutze des Morgennebels zu einem Wurf ins Schongebiet verführt hatte. Falken nahm mein Geständnis mit unbewegter Miene entgegen.
»Das hilft jetzt auch nicht mehr!« sagte er dann. »Der Rauswurf aus dem Verein ist beschlossene Sache. Gestern Abend hat der Vorstand getagt.«
Ich ließ den Kopf sinken. Ade, ihr Hechte! Ade, mein Lieblingssee! Falken fuhr fort: »Aber nett von dir, dass du die beiden Jungangler retten wolltest.
»Jungangler?«
»Ja, kürzlich habe ich sie aus dem Gebüsch beobachtet. Beim Bootsangeln. Sie haben einen abgerissenen Wobbler an einem Baumstamm unter Wasser entdeckt und gelöst. Und dann sind sie zum Schongebiet gefahren. Mehrere Würfe in die verbotene Zone! Einer war so dumm, den Wobbler hängen zu lassen.« Er deutete auf den blauen Köder an meiner Weste: »Kannst ihn behalten – als Souvenir.«
Kaum war ich zu Hause, griff ich zum Schmirgelpapier. Erst, als der letzte Buchstabe vom Bauch des Wobblers verschwunden war, konnte ich mich so richtig freuen: Ich hatte mein blaues Wunder wieder!

*

Der Keschermann

Der Hilfeschrei war so laut, dass ich keine Chance hatte, ihn zu überhören. Mein Kollege Udo brüllte um sein Leben, mehr noch: Er brüllte »Keeeescher!« Dabei hatte er einen Kescher neben sich liegen, das war mir auf dem Weg zu meinem Angelplatz nicht entgangen. Was er brauchte, war also kein Kescher – nur einen Dummen, der keschern würde. Offenbar hatte er den Fisch seines Lebens gehakt.
Ein Alptraum! Da angelt ein Kollege über Jahre auf den Riesenfisch. Und plötzlich ist dieser Traum zum Greifen nah. Die Rute biegt sich, das Wasser spritzt. Aber der Angler greift nicht selbst zu, Petrus bewahre. Er nötigt einen Kollegen zur Hilfeleistung. Und wehe, der Traum zerschellt an der Kescherkante! Auch wenn die Schnur reißt, der Haken sich aufbiegt oder der Angler so nervös ist, dass er den Fisch in ein Hindernis flüchten lässt – dreimal dürfen Sie raten, wer schuld ist: natürlich der Keschermann! Er hat nichts dazu beigetragen, dass der große Fisch gebissen hat – wohl aber (angeblich), dass er nicht gelandet werden konnte. Er ist der ideale Sündenbock! Der Mann an der Rute gibt seine Verantwortung ab. Er ist nur noch der Außenstürmer, der eine Flanke in die Mitte schlägt. Und dort steht der Mittelstürmer – sprich: Keschermann – und muss verwandeln. Sogar die mickrigste Flanke soll ein Tor des Jahres ergeben.
Ich eilte herbei, um Udo zu helfen. Doch das einzige, was ich noch sah, war ein riesiger Schwall – da federte die Rute zurück. »Verdammt, verdammt, verdammt!« fluchte er. »Gott Lob, Gott Lob, Gott Lob«, dachte ich. Mit dem Verlust dieses Fisches hatte ich nichts zu tun! Als Udo mich sah, tobte er los: »Wo warst du denn, du Pfeife?! Vor einer halben Stunde hab‘ ich gerufen! Jetzt ist er weg!!!« »Aber ... «holte ich aus. »Nichts aber!« brüllte er. Ich duckte mich und schlich davon. Der Mohr hatte seine Schuldigkeit getan. Sogar, ohne zu keschern!

DAS MEERFORELLEN-DUELL

Wer zuerst wirft, fängt zuerst. Das galt an dem kleinen Meerforellen-Fluss. Aber nun schien die Fanggier einem Frühaufsteher zum Verhängnis zu werden.

Wenn Ende Mai die ersten Gewitter lospoltern, beginnt für mich die schönste Zeit des Jahres: Der Regen verwandelt unseren winzigen Fluss in ein echtes Großfisch-Revier. Meerforellen steigen auf, Fische wie aus blankem Silber, bis 15 Pfund. Falls Sie jemals gehört haben, diese Aufsteiger seien schwer zu fangen – Quatsch! Die Forellen sind aggressiv, kein Spinner kommt an ihrem Maul vorbei. Wer zuerst wirft, fängt zuerst. Unsere Strecke ist nur mickrige zwei Kilometer lang. Wer sein Auto zuerst auf dem Waldparkplatz abstellt, hat sie exklusiv für sich. Für den Zweiten ergibt es keinen Sinn, das frisch befischte Stück erneut abzulaufen. Folglich sind die Frühaufsteher beim Meerforellenangeln die Könige. Das Duell um den ersten Wurf entscheidet sich meist zwischen Willy und mir. Willy ist schon 30 Jahre im Verein. Ein dicker, genießerischer Typ. Er raucht Zigarren, isst Schweinshaxen und hält manchmal, wenn er gut gefangen hat, ein Nickerchen im Ufergras. Vor ein paar Jahren hatte er einen Herzinfarkt.

Rückzug ins Bett

Es ging los in der Nacht vom 24. auf den 25. Mai. Der Regen trommelte an mein Dachfenster. Mir war klar: Jetzt kommen die Meerforellen! Ich musste am nächsten Morgen als Erster am Fluss sein. Also stellte ich den Wecker auf 3.45 Uhr.

Eine halbe Stunde später wäre ich am Wasser. Ganz allein mit den gierigen Meerforellen. Als ich auf den Waldparkplatz fuhr, schälte sich im Scheinwerferlicht Willys grüner Kombi aus der Dunkelheit. Wie immer geparkt zwischen den beiden Tannen. Verdammt! Hätte ich gewusst, dass er so früh auf den Beinen ist – ich wäre früher aufgestanden. So blieb mir nur der Rückzug. Vielleicht würde der Regen ja weiterprasseln! Dann hätte ich am nächsten Morgen noch einmal die Chance. Petrus tat mir den Gefallen. Diesmal hüpfte ich um 3.30 Uhr aus dem Bett. Ich verzichtete aufs Frühstück. Die Reifen quietschten, als ich auf dem Waldparkplatz hielt. Ich riss die Tür auf und eilte zum Kofferraum. Da erst sah ich: Wieder stand Willys grüner Kombi auf dem Platz zwischen den Tannen. Ich hätte aus der Haut fahren können! Wann stand dieser Kerl eigentlich auf? Ich wusste, dass er niemals bei Nacht angelte. Offenbar fuhr er in der Dunkelheit los, um den Platz zu reservieren. Nun saß er wohl gemütlich am Streckenbeginn, wartete die Dämmerung ab und marschierte dann den kapitalen Meerforellen entgegen.

Wie die Feuerwehr

Der Regen prasselte weiter. Am nächsten Morgen wollte ich es endgültig wissen: Um 3.00 Uhr startete ich durch wie die Feuerwehr. Auf der Fahrt malte ich mir das Gesicht von Willy aus, wenn er um halb vier ans Wasser käme und mein Auto sähe. Vielleicht sollte ich ihm eine Postkarte schreiben, auf der ich meine Fänge festhielt. Bei diesem Regen hätten mich mehrere Fische nicht erstaunt.

Das Wasser spritzte unter den Reifen, als ich auf den Waldparkplatz einbog. Diesmal blendete ich auf, um mich gleich zu vergewissern ... Der grüne Kombi? Stand schon da! Kriegte Willy, dieser Gierhals, eigentlich nie genug? Er musste wahnsinnig sein, ein Süchtiger im Fangrausch, ein Meerforellen-Junkie (also so einer wie ich!). Am liebsten hätte ich seinem Auto einen Tritt gegeben, um so die Alarmanlage auszulösen. Und während er, vom Ufer hochgeschreckt, nach dem Rechten sehen musste, hätte ich mich über die Meerforellen hergemacht. Aber ich wollte ja nicht unfair sein. Immerhin war er wieder vor mir aus den Federn gekommen. Doch Petrus meinte es gut mit mir: Der Regen hielt eine weitere Nacht an. Und für den nächsten Morgen hatte ich einen Plan: Ich würde erst gar nicht ins Bett gehen! Der Spätkrimi ging bis um 1.30 Uhr, und direkt danach ... Als meine Scheinwerfer wieder den grünen Kombi anleuchteten, hätte ich heulen können.

Ein Unglück?
Ich stieg aus und legte meine Hand auf die Motorhaube: kalt! Seit wann mochte er unterwegs sein? Im Kegel meiner Taschenlampe entdeckte ich: Die Reifen des Wagens hatten nur eine einzige Spur im klitschnassen Boden hinterlassen. Das Auto war gar nicht jeden Tag hier vorgefahren; es hatte sich seit dem ersten Regentag nicht vom Fleck bewegt. Ein Adrenalinstoß fuhr heiß durch meinen Körper: Es sah so aus, als wäre Willy etwas passiert. Schon am ersten Tag! Hatte ihn eine Meerforelle im Drill so aufgeregt, dass sein schwaches Herz ...? Ich wartete, bis es dämmerte. Dann brach ich durchs Gestrüpp, wo ein altes Fahrrad lag, und stürmte hinunter zum Fluss. Er führte kaffeebraunes Wasser, wie die Meerforellen es für ihren Aufstieg lieben. Auf halber Strecke, neben einer tiefen Kurve, lag Willy leblos im Gras. Wahrscheinlich seit Tagen! Mein Herz rutschte in die Wathose. Wer weiß, ob mir nicht eine Anklage wegen unterlassener Hilfeleistung ins Haus stand! Schließlich hätte ich schon am ersten Tag helfen können, wenn ich nur zum Fluss gegangen wäre. Wo ich doch von seinen Herzproblemen wusste!

Leiber im Gras
Neben Willy glitzerte ein mächtiger Silberbarren im nassen Gras. Eine Meerforelle von bestimmt 15 Pfund! Offenbar hatte sich Willy im Drill so angestrengt, dass sein Herz nach der Landung versagte. Zitternd trat ich neben den leblosen Körper und tastete nach dem Puls. Zwei Stunden später saßen wir beim Frühschoppen. Willy bebte vor Lachen: »Der Trick mit dem Auto war gut, nicht wahr?« – »Ja«, knurrte ich, »dass du es als Platzhalter da lässt und mit dem Fahrrad unverschämt spät zum Angeln fährst – wie hätte ich das ahnen sollen?« Ich erfuhr, dass er in den letzten Tagen sechs Meerforellen gefangen hatte. Logisch, er hatte die Strecke ja für sich allein. Sein Auto stand den ganzen Tag auf dem Parkplatz. Alle Kollegen haben abgedreht, auch mittags und abends. Er biss von seiner Schweinshaxe ab, kaute und lachte dann aus voller Brust: »Und dein Gesicht, als du dich am Ufer über mich gebeugt hast – einfach köstlich!« Ich ärgerte mich, dass ich ihn für eine Leiche gehalten hatte. Schließlich wusste ich doch: Nach Prachtfischen gönnt er sich oft ein Nickerchen!

*

DER ROTE LOCKVOGEL

Der rothaarige Junge machte ihm seinen Angelplatz madig. Und wusste eine viel bessere Stelle ...

Plötzlich stand er neben mir. Ein frecher Bengel mit rotem Haar und Zahnlücke. »Hier fängst du nichts!« sagte er. Seine Zungenspitze stieß wie eine rote Stichflamme durch die Zahnlücke. Sogar die Sommersprossen schienen zu grinsen.
»Du bist Angler?« fragte ich.
»Nein.«
»Aber dein Vater angelt?«
»Nein.«
»Ein Onkel oder ein Freund?«
»Nein.«
»Woher willst du dann wissen, dass ich hier nichts fange?«
»Ich weiß es eben.« Er sagte das nicht trotzig. Es klang so, als könnte er sich nicht irren. Als wüsste er mehr als ich.
Dabei sollte heute der Tag der großen Ernte sein! Ich hatte an diesem Platz zwei Wochen lang gefüttert, um eine Wette gegen meinen Angelkumpel Arthur zu gewinnen: Jeder von uns hatte behauptet, heute mehr Karpfen als der andere zu fangen. Am Abend wollten wir zählen. Meine Chancen standen gut. Zwar war Arthur ein ausgezeichneter Angler, aber seine Faulheit wog schwerer. Bestimmt hatte er nirgendwo gefüttert. Mein Zeigefinger deutete auf feine Bläschen überm Angelplatz: »Siehst du das, Junge? Dort fressen Karpfen.«
Natürlich würde ich fangen! Der Junge schüttelte den Kopf. »Dort sind keine Karpfen.« Er redete jetzt wie in Zeitlupe. Die Wörter bekamen ein merkwürdiges Gewicht in meinen Ohren. Mir war, als würde da ein Weiser sprechen – und kein kleiner Junge! Ich blickte erneut auf die Bläschen. Sicher konnten das auch natürliche Gasbläschen des schlammigen Bodens sein. Und sah das Wasser an meinem Angelplatz nicht wie tot aus? Kein Windhauch wollte es anfassen. Es lag da wie flüssiger Teer, schwarze Regenwolken spiegelten sich. Gaukelte ich mir etwa einen Platz vor, den es längst nicht mehr gab? Früher standen die Karpfen hier Flosse an Flosse. Aber waren meine Fänge in den letzten Jahren immer spärlicher geworden? »Ich würde an der Brücke angeln«, sagte der Rotschopf.
»Warum dort?«
»Weil bei der Brücke Karpfen sind.«
»Hast du welche gesehen?«
»An Land sogar!«

»Du willst mich auf den Arm nehmen!« Jetzt erinnerte mich seine Zunge, die blitzschnell durch die Zahnlücke stieß, zum ersten Mal an die einer Schlange.
»Wenn du mir nicht glaubst – selber schuld!« Mit diesen Worten wandte er sich zum Gehen.

Fang-Zauber
»Moment!« rief ich. »Was haben die Karpfen an Land gemacht?«
»Sie wurden fotografiert. Ein Angler hat sie gestern gefangen.«
»Sie?«
»Vier Karpfen. In einer Stunde. Ich hab' ihm zugeschaut!«
Logisch, dass mich der Junge am falschen Platz wägte! Gestern hat ein Kollege die Karpfen aus dem See gezogen wie der Zauberer die Kaninchen aus dem Hut. Im Kontrast dazu war meine Aufführung für ihn so langweilig wie Omas Kaffeekränzchen. Zumal es so aussah, als hätten sich alle Karpfen des Sees bei der Brücke versammelt. »Also gut, ich komm' mit!« Jetzt strahlte der Junge. Hoffentlich saß Arthur nicht schon an diesem Platz! Keine Ahnung, an welcher Stelle unseres großen Sees er im Moment angelte.
Ich kurbelte ein, schulterte mein Gerät, und wir marschierten los. Der Junge als General voraus, ich als Lastesel hinterher.
Der Platz vor der Brücke war frei. Hoffnungsvoll warf ich aus. Der Rotschopf lief davon und tauchte ein paar Minuten später mit einer großen Eistüte wieder auf. Er schaute wohlwollend in meine Richtung. Ich nickte ihm zu. Gleich würde ich in die Fußstapfen des Karpfenfängers vom Vortag treten! Doch nichts rührte sich. Über zwei Stunden. Und als der Junge schließlich verschwand, war es mit meiner Zuversicht vorbei. Da saß ich an einem unbekannte Platz. Hatte hier überhaupt irgendwer gefüttert? Waren gestern vielleicht der letzte Karpfen dieses Platzes gefangen worden? Und was, wenn mir der Junge einfach einen Bären aufgebunden hatte?

Paradies im Rückblick
Dieser Bengel hatte mir den Verstand vernebelt! Natürlich war es eine Dummheit, dass ich nicht an meinem alten Platz geblieben bin. Plötzlich schien er mir wie ein Paradies, wo die Karpfenrüssel den Boden so gründlich saugten, dass kein Futterkrümel und erst recht kein Köder übrig blieb. Ich musste zurück! Dort war gefüttert, dort waren Karpfen. Dort konnte ich die Wette gegen Arthur gewinnen. Schon aus der Ferne sah ich die Bescherung! Mein angefütterter Platz war besetzt. Von einem anderen Angler. Ich kniff die Augen zusammen. Es war – Arthur! Der Faulpelz wollte wohl meine Früchte ernten! Da lief mir der Junge über den Weg. Mir kam

eine wunderbare Idee! Ich zog den erschreckten Rotschopf zur Seite: »Willst du dir ein großes Eis verdienen?« Er nickte. Ich deutete auf Arthur: »Du gehst zu dem Angler dort drüben. Und erzählst ihm dieselbe Geschichte wie mir. Wenn du es schaffst, dass er den Platz wechselt, kriegst du dein Eis. Abgemacht?«
Seine Zunge stieß wie eine Stichflamme durch die Zahnlücke, bevor er sagte: »Geht nicht! Der kennt den Trick! Ich hab‘ dich schon weggelockt für ein Eis!«

*

DER KARPFENKÖNIG AUS ENGLAND

Alle fieberten Stan entgegen, dem berühmten Karpfenangler aus England. Doch würde er tatsächlich einen Kapitalen aus dem Vereinsteich kitzeln?

Gerd, unser Häuptling, blies sich auf, dass ich dachte, gleich platzt er. Und dann perlte ihm die Sensation von den Lippen:
»Er wird kommen!« Das klang, als wäre der Erlöser persönlich gemeint, und so war es auch: Stan, ein Karpfenprofi aus England, wollte ausgerechnet an unserem Vereinsteich angeln.
Dabei ist dort seit Jahren kein ordentlicher Karpfen mehr gefangen worden, nur besetztes Kleinzeug. Zwar gab es Kapitale von 20 Pfund aufwärts. Aber die waren nur hungrig auf Sonne, nicht auf Boilies. An warmen Tagen kreisten sie unter der Oberfläche.
»Freunde«, rief Gerd ins Lokal, »ich will nicht, dass wir uns vor Stan blamieren. Es kommt der Karpfenkönig aus England auf Staatsbesuch! Wenn ihr am Montag angeln geht, nehmt euer bestes Gerät mit. Zeigt, dass ihr Profis seid.« Klar doch, Stan war Engländer, also High-Tech-Angler, und er kam zum ersten Mal nach Deutschland. Stieße er hier auf Höhlenmenschen mit Bambusruten – ganz England würde uns als anglerisches Entwicklungsland auslachen!
Am Montag, als der Erlöser kommen sollte, präsentierten Freund Pit und ich unser bestes Gerät auf einer Sandbank. Der Platz war so gewählt, dass wir den ganzen Teich überblicken konnten. Die Sonne glühte aus einem blauen Sommerhimmel.

Mit Vollgas zum Karpfen

»Mal gespannt, ob er wirklich große Karpfen fängt«, murmelte Pit und versenkte seine Rute im Rod Pod. Ich drückte den Gashebel der Fernsteuerung durch und ließ mein Modellboot mit dem Köder über den Futterplatz brummen:
»Wenigstens kann er nicht behaupten, dass wir altmodisch angeln«.
Dieser Meinung war wohl auch ein Opi, der mit Rucksack, uralten Steckruten und einem Weidenkorb an uns vorbei schlich. Er warf einen scheuen Blick auf unser Gerät: Tarnzelte und Liegen, Wurfstäbe und Modellboot, Kletteraffen und Carp-Sounder. Kurz verharrte er – vielleicht hielt er den elektronischen Bissanzeiger für eine Ampel und wartete auf grünes Licht. Dann schüttelte er den Kopf und ging weiter.
»Ausgerechnet heute!« schimpfte ich. Diese Gastangler vom Lande kamen immer ungelegen. Was würde Stan beim Anblick einer Rute aus den 1950er Jahren sagen? Dieser Image-Schaden würde schwerer als die Niederlage in Wembley wiegen!

»Wenn er selbst nichts fängt, wird er schon den Mund halten«, tröstete mich Pit. Mit seiner 2 1/2-lbs-Rute schmetterte er das Blei 120 Meter in den See hinaus.
»Das hätte Stan mal sehen sollen«, raunte ich.

Ein Affe im Baum

Der Tag verging. Es kam kein Biss. Und es kam kein Stan. Am Abend gaben wir die Hoffnung auf, der göttliche Karpfenangler würde seinen Rod Pod noch auf die lehmige Erde unseres Teichufers stellen. Häuptling Gerd hatte sich wohl zu weit aus dem Fenster gelehnt!

»Vielleicht gut, dass er sich gedrückt hat«, meinte ich.

»Der Opi hätte uns ganz schön blamiert!« Ich deutete auf den alten Herrn, der in die erste Etage einer Eiche am Ufer geklettert war und offenbar mit Brotflocke und freier Leine angelte.

»Der hat was an der Waffel!«, grinste Pit.

»Die ›Angling Times‹ hätte bestimmt getitelt: »Karpfenangler in Deutschland: Sie klettern noch wie Affen in den Bäumen!«

Nun räumten wir das Feld und schleppten unser Imponier-Gerät in mehreren Märschen zum Auto. Nur das ferngesteuerte Boot musste ich noch holen, dann war alles verstaut. Pit wartete am Kofferraum.

Der See lag da im letzten Licht. Ich schnappte das Boot und wollte mich schon umdrehen. Da fing mein Blick ein groteskes Bild ein: Der Opi hing mit gespreizten Armen in seiner Eiche. Eine Hand umklammerte einen Ast, die andere seine uralte Steckrute. Und die bog sich wie ein Fragezeichen. Unter dem Baum brodelte das Wasser. Der Opi kämpfte um sein Gleichgewicht, ein Riesenfisch um sein Leben.

Opi schlägt zu

Ich rannte, was die Stiefel hielten. Der alte Mann war gerade im Begriff, zur Landung aus dem Baum zu steigen. »Hilfe kommt!« rief ich, schnappte den Kescher und schaufelte den Karpfen ins Netz. Es war der größte, den ich je gesehen hatte, bestimmt 30 Pfund! »Petri Heil!« rief ich in den Baum hinauf. Der Opi nickte wortlos, aber freundlich hinab. Der Fang hatte ihn sprachlos gemacht.

Auf der Rückfahrt schlingerte unser Auto, so schüttelte uns das Lachen. Ich gluckste: »Da bestellt Gerd einen Profi aus England – und am selben Tag fängt ein deutscher Opi den 30-Pfünder. Mit Gerät der Marke 'Uralt'!«

Nun fieberten wir schadenfroh den »Vereinsnachrichten« entgegen, unserem kleinen Mitteilungsblatt, in dem über Stans Besuch berichtet werden sollte.

Wie würde Häuptling Gerd die Blamage erklären, dass der Erlöser nicht erschienen war? Das Blättchen kam. Auf dem Titel strahlte unser Opi mit dem 30-Pfünder, unter dem Bild stand:

»Erfolg auf Anhieb: Stan, Karpfen-Altmeister aus England, fing diesen 30 Pfünder in unserem Vereinsteich auf Sicht – wie immer mit seiner Lieblingsrute, einer alten Gespließten!«

RAUCHZEICHEN AM FORELLENSEE

**Er fing eine Forelle nach der anderen.
Da wurde sein Angelplatz-Nachbar neugierig ...**

Als ich die zehnte Forelle drillte, hielt es der Angler neben mir nicht mehr aus. Seine Neugier war angeschwollen, Fisch für Fisch. Jetzt platzte sie heraus: »Das gibt's doch nicht! Ich hab' gerade mal zwei Forellen – und du fast ein Dutzend. Wie machst du das bloß?« Ich löste den Haken, ließ die Regenbogenforelle in die Kühltasche gleiten und hob meinen Blick zu ihm. Ein rundlicher Mann mit Stirnglatze, bestimmt Anfang 50, sah mich an wie ein Schüler, der seinen Lehrer nach der Lösung einer komplizierten Bruchrechnung gefragt hatte. Derweil zog er immer wieder an seiner Zigarette und blies Rauchwölkchen über den See.
»Eigentlich machst du alles richtig«, sagte ich. »Du angelst mit Forellenteig, wirfst genauso weit aus wie ich und holst deinen Sbirulino in der richtigen Geschwindigkeit ein.« Er schnipste seinen Zigarettenstummel ungeduldig in den See und steckte sich mit zuckenden Fingern eine neue an. »Was willst du mir ›eigentlich‹ sagen? Irgendwas mache ich doch falsch, stimmt's?« Ich nickte. Noch immer wusste mein Schüler die Lösung nicht und zog an seiner Zigarette wie ein Kleinkind am Schnuller.

Der Fehler

»Also gut«, hob ich an, »ich will es dir sagen. Du machst denselben Fehler wie die meisten Angler hier.« Ich zeigte nach links und nach rechts, wo etliche Kollegen ihre Montagen immer wieder hinaus in den See schleuderten, aber ohne Erfolg einholten. Die meisten hatten Zigaretten in ihren Mundwinkeln stecken.
»Das Rauchen kostet dich die Fische!« sagte ich. Er hatte gerade inhaliert, um den Rauch auszupusten, doch nun blieb ihm der im Halse stecken. Ein heftiges Husten schüttelte ihn. Als er wieder Luft bekam, fragte er:
»Willst du damit sagen, dass die Forellen hier militante Rauchgegner sind und die Köder von Nichtrauchern bevorzugen?«
»Ja!«
»Das ist doch nicht dein Ernst!«
»Doch!«

Gefährliche Reste

Ich erklärte ihm, dass alle Raucher Tabakreste an ihren Fingern hätten.
»Diese Geschmacksrichtung kann keine Forelle leiden, glaub mir! Nikotin ist Gift. Und die Forellen können keine Zigarettenwerbung lesen ... «

Der Mann nickte langsam. Es war, als bräuchte die Erkenntnis einige Zeit, um von seinen Ohren ins Gehirn zu sickern. Doch schließlich drang sie durch. Seine Augen strahlten. Er trat die Zigarette aus, bedankte sich überschwänglich und sprang zurück an seinen Platz. Dort wusch er sich seine Hände im Ufersand so heftig, als wollte er sich die Haut von den Fingern reiben. Ich warf aus, drehte an und landete die elfte Forelle des Tages. Als ich den Haken löste, spie der Fisch meinen Köder aus. Ich legte ihn zur Seite und erlöste die Forelle mit dem Priest von ihrer Sucht, zu der

zahllose Kollegen durch das, was sie achtlos ins Wasser warfen, beigetragen hatten.
Beim Blick auf meinen Angelplatznachbarn, der seine letzte Fangchance mangels Flavour an den Händen verspielt hatte, überkam mich kurz ein schlechtes Gewissen.
Aber schließlich tat er seiner Gesundheit jetzt einen Gefallen! Ich zog einen neuen Zigarettenstummel auf den Haken und warf wieder aus.

Die blaue Jungfrau

Gerade noch schwammen Karpfen von 50 Pfund durchs Lokal, klatschten Riesenforellen an der Oberfläche und warfen sich 30-Pfund-Hechte auf ihre Opfer. Aber jetzt, da ich hinüber zum Stammtisch geschlendert bin, schweigen Franz und Dieter wie Aale mit Futterfisch im Maul. »Darf ich fragen, von welchem Gewässer ihr sprecht?« »Ge-, Ge-, Gewässer?«, stammelt Dieter, als sei der Fisch immer noch nicht ganz geschluckt. »Kein reales Gewässer!« beeilt sich Franz zu versichern. »Wir haben nur gesponnen. «Typisch! Sobald Angler einen Tropfen Wasser finden, von dem sie annehmen, er sei noch jungfräulich, wollen sie ihn allein mit ihren Ködern begatten. Bloß keine anderen ranlassen! »Schade!« murmle ich vieldeutig, »dachte schon, ihr meint *das* Gewässer.« Und wandte mich zum Gehen. »Halt!« ruft Dieter, jetzt ganz ohne Fisch im Hals. »Von welchem Gewässer sprichst du?« »Na von dem Gewässer«, orakle ich, »wir können nur eines meinen. Dieser Fischbestand – unverwechselbar!« Die beiden sehen sich an wie Schuljungen, denen der Bus vor der Nase weggefahren ist. »Ehr-, ehr, ehrlich gesagt«, stammelt Dieter – und es klingt, als käme der Fisch wieder hoch – »wir haben nur von dem See gehört!« »Jawohl, vom Nebentisch aufgeschnappt!«, ergänzt Franz. »Aber wo der See ist« – die beiden blicken sich traurig an – »das wissen wir nicht.« »Dann wird's aber Zeit«, tröste ich das Duo und zaubere eine Landkarte aus der Hosentasche. Mit großer Geste setze ich meinen Zeigefinger auf einen See, einen blauen Flecken am Stadtrand. »Das ist er!« sage ich andächtig. »Das ist er!« beten mir meine beiden Jünger nach. Ihre Augen leuchten wie grüne Knicklichter. Ich forme einen Kussmund und hauche genießerisch:
»Forellen!« Am nächsten Morgen waren sie dort. Jeder hat eine Zuchtforelle von 250 Gramm gefangen. Das weiß ich von meinem Freund Reiner, der sich – wie jedes Mal, wenn unser Trick klappt – bei mir bedankt hat. Er ist der Pächter des neuen Forellenpuffs am Stadtrand – und hatte, als Vorlage für mich, die Legende vom Traumsee persönlich am Nebentisch gestreut ...

ANGLER MIT TOTALSCHADEN

Ein schrilles Quietschen riss mich hoch von meinem Angelstuhl. Dann schepperte es, Glas klirrte, und zwei Autofahrer brüllten sich an.

Siehst du!« sagte meine Liebste abends, als ich ihr von dem Auffahrunfall in Sichtweite zu meinem Angelplatz erzählte.
»Was soll ich sehen?«
»Wozu das führt!«
»Das?«
»Wenn einer beim Autofahren nicht auf die Straße schaut – sondern auf einen Angelkollegen!«
Jetzt ging mir ein Knicklicht auf. Natürlich war der Unfall nicht zufällig direkt hinter mir passiert. Natürlich hatte ein Angler, der vorüber fuhr, meinen Anblick interessanter als die Bremslichter seines Vordermanns gefunden. Woher meine Liebste das wusste? Aus Erfahrung! Sobald Wasser in Sichtweite kommt, wird der Beifahrersitz neben mir zum Folterstuhl. Mein Blick entgleist von der Straße und tastet sich übers Wasser.
»Karpfen!« rufe ich und zeige auf einen großen Ring.
»Baustelle!« brüllt sie und zeigt auf ein Tempo-30-Schild, das mit 90 Sachen vorüber fliegt. Während ich, mittlerweile im Rückspiegel, den zweiten Sprung des Karpfens erwarte. Was soll meine bessere Hälfte tun? Wie ein Copilot bei der Rallye Monte Carlo brüllt sie mir Kommandos ins Ohr: »Nach links ziehen! – Kurve! – Bremsen! – Achtung, Stau!« Zur Not greift sie ins Lenkrad, zieht an der Handbremse und zuletzt an meinen Ohren. Vielleicht ist deshalb noch nie was passiert.
Ihr Alptraum: Dass eines Tages, während wir auf der linken Spur über eine Autobahnbrücke rasen, unten ein kapitaler Fisch gedrillt wird.
Sie schwört: »Du trittst auf die Bremse, springst aus dem Auto, schnappst den Kescher, läufst Slalom um die vorüber brausenden Autos und leistest erste Landungs-Hilfe!« Mittlerweile ist sie für Tempo 30 auf Uferstraßen, Autobahnbrücken und allen Verkehrswegen, die den direkten Blick auf ein Angelgewässer zulassen. Bleibt zu hoffen, dass die entsprechenden Schilder früher als das Gewässer sichtbar sind. Sonst bremsen nur die Nicht-Angler, und es geht weiter wie gehabt – mit Auffahrunfällen.

ALS DER KARPFEN EINEN SCHLIPS TRUG

Der Karpfen trägt einen Schlips, der Waller hält ein Mikrofon. Und beide haben ein gemeinsames Hobby: den Angler!

Ein Gewitter hatte mich vom See gefegt und in meine kleine Angelhütte getrieben. Regen trommelte aufs Dach, Wind rüttelte an den Scheiben. Und jetzt flackerte auch noch der Bildschirm meines kleinen Fernsehers. Der Tagesschau-Sprecher versank in einem Schneesturm, Bild und Ton ade! Ich lag auf dem Sofa und träumte meinem 10-pfündigen Karpfen vom Vormittag nach, als plötzlich wieder eine tiefe, klare Stimme tönte: »Das Angeln wurde erneut zum beliebtesten Hobby des Jahres gewählt!« Ich blickte hoch. Auf dem Bildschirm machte sich ein dicker Karpfen breit. Sein Schlips wedelte in der Strömung. Offenbar war er der Moderator der Sendung.
Der Karpfen blätterte ein Seerosenblatt mit seinem Moderationstext um: »Kein Hobby bringt uns so viel Freude wie das Angeln. Wir zeigen Ihnen, warum!«

Ein Filmbeitrag begann. Aus der Unter-Wasser-Perspektive war ein Bootsangler am Schilfrand zu sehen. Ich traute meinen Augen kaum: Das war ich!
Die Kamera schwenkte auf einen Waller mit Mikrofon, den Reporter vor Ort. »Trotz Sturm und Regen: Dieser Angler hat uns heute den Tag versüßt. Die Karpfen und Brassen kamen voll auf ihre Kosten.«
Nun rückte die Kamera ein paar Karpfen und Brassen ins Bild. Sie gründelten auf einem gelben Teppich – meinem angefütterten Hartmais! »Angeln füllt unsere Bäuche«, fuhr der Waller fort. »Und Angeln sorgt für Stimmung.« Jetzt zoomte die Kamera mein Vorfach heran, einen schneeweißen Faden auf gelbem Grund. Am Ende vier Maiskörnern mit Auftriebskörper, die höchst auffällig über dem Futterteppich schwebten. Ein steinalter Schuppenkarpfen deutete mit der Brustflosse auf mein Vorfach und spie vor lauter Lachen ein paar Maiskörner aus: »Plumper geht es wirklich nicht!« Eine Horde Jungkarpfen feixte im Hintergrund.
Der Waller strich seine Barteln glatt und fuhr fort: »Aber auch solche Angler müssen wir bei Laune halten. Darum haben Dienstleister für Anglerunterhaltung, ‚AU‘ genannt, Hochkonjuktur.« Ein paar Satzkarpfen

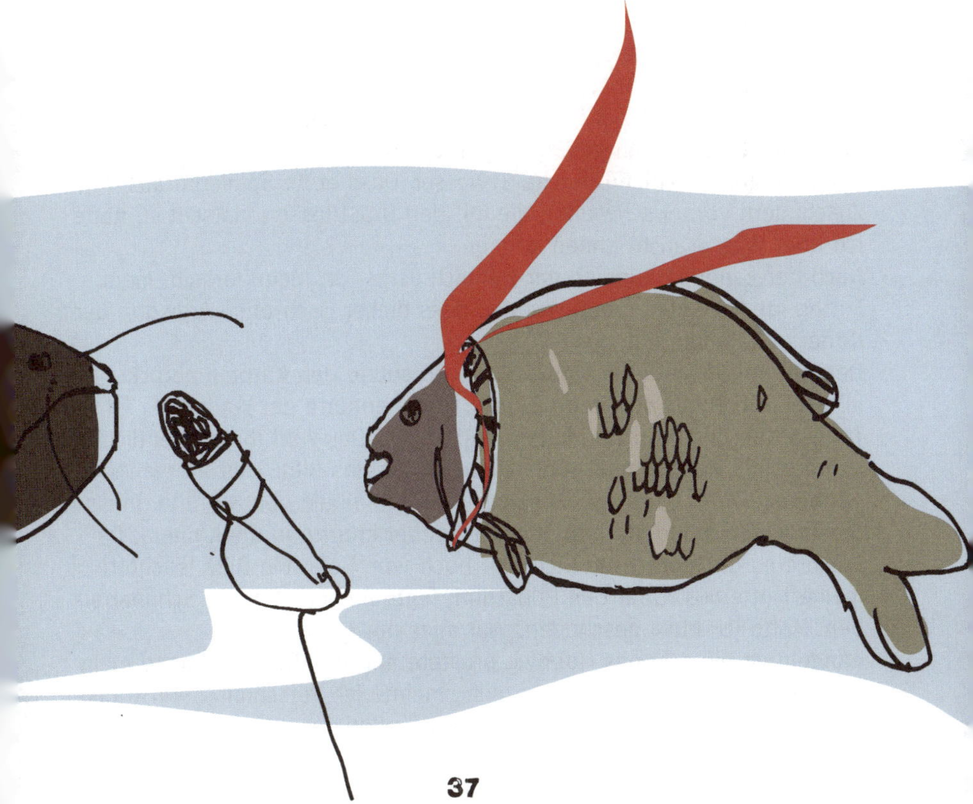

wuselten ins Bild und schlugen mit ihren Brustflossen immer wieder gegen die gespannte Schnur. Dann blendete man auf mich, den Angler im Boot. Ich war aufgesprungen und starrte auf die Schnur. Beim nächsten Ruck schlug ich ein gewaltiges Loch in die Luft, stieß einen Fluch aus und kurbelte ein. Ein dicker Aal, der Betreiber einer AU-Firma, erläuterte: »Diese Reize motivieren den Angler. Schauen Sie, was jetzt passiert!« Man sah, wie ich in meinen Eimer griff. Sechs, sieben Portionen Hartmais prasselten auf den Futterplatz. Der gelbe Teppich, zuletzt nur noch aus Pünktchen bestehend, war wieder gestopft. Das große Fressen ging weiter. »Jetzt sind Karpfen am Platz«, hatte ich nach jedem Fehlbiss gedacht, »jetzt musst du füttern.« Man sah, wie ich noch ein paar Luftlöcher schlug und jeweils Futter nachlegte. Bis mir das Spiel zu dumm wurde.
»Nun ist die Zeit für ein Opfer gekommen«, erklärte der Aal. Ein 10-pfündiger Karpfen wurde von zwei kräftigen Hechten vorgeführt. »Ein schwerer Verkehrsrowdy. Er hat einen Döbel an der Oberfläche gerammt und Schwimmerflucht begangen. Seine Haftstrafe ist zur Anglerbewährung ausgesetzt.« Die Hechte hielten meinen Haken über die Lippe des Rowdys, der Aal schlug ihn persönlich mit seinem Schwanz ein.
»Viel Glück!« rief der Aal. Mit dem Tempo, das man von einem Verkehrsrowdy erwartet, raste der Karpfen los, direkt auf die Seerosen zu. Ich bekam meine Rute gerade noch zu fassen und stemmte mich gegen den Fisch. Die Bremse schrie, mein Puls hämmerte. Der Fisch peitschte die Rute nach vorne wie der Sturm ein Schilfrohr, wieder und wieder.
Kurz vor den Seerosen gelang es mir, die Flucht zu stoppen. Der Karpfen zog eine große Schleife durchs Gewässer. Dass er an Spalieren aus Zuschauern vorbei schwamm, die mit den Brustflossen klatschten, hatte ich über Wasser nicht ahnen können.
Nach der Landung kam ich mir ziemlich listig vor: Mein Vorfach, mein Futter, meine Taktik – kein Wunder, dass dieser Fisch ohne Argwohn den Köder genommen hat ...
Der Triumph machte mich großzügig: Ich setzte den Karpfen zurück. »Dieser Verkehrsrowdy hatte Glück«, kommentierte der Waller. »Er ist der Todesstrafe durch Kochen knapp entgangen. Das wird ihm hoffentlich eine Lehre sein!« Noch einmal schlängelte der Aal ins Bild: »Für morgen steht ein neues Opfer bereit: Dieser Hecht, ein Kannibale von 8 Pfund, muss für die Familienschändung büßen!« Der Räuber knurrte in die Kamera. Da krachte es fürchterlich und ich fuhr hoch vom Sofa. Ein Blitz leuchtete meine Hütte aus. Über den Bildschirm fegte immer noch ein Schneetreiben. Hatte ich etwa geschlafen? War alles nur ein Traum?
»Angeln ist ein schönes Hobby«, prostete mir am nächsten Abend mein Kollege Franz zu. »Nicht nur für uns«, meinte ich verschmitzt. Wir tranken auf den Hecht des Tages. Es war ein 8-Pfünder!

DER ANGELPAPST

Er galt als Angelpapst. Seine Jünger machten ihm alles nach, auch das Verrückteste ...

Vielleicht hätte ich den Mund einfach halten sollen. Aber der Drang, meinen Erfolg an die große Glocke zu hängen, wog mindestens eine Tonne schwerer als mein Verstand. Zumal mich die Kollegen am Stammtisch mit Fragen löcherten: »Nun sag' schon, wie hast du den 30-Pfund-Karpfen gefangen?«
»Ich hab' ihn gewürfelt«, sagte ich.
»Du hast ihn gewürfelt?«, wiederholte Rainer.
»Jawohl«, sagte ich und schaute ernst wie ein Bestatter drein.
Er drückte seine Handfläche auf den Bierkrug und schüttelte ihn wie einen Würfelbecher: »Einfach so: gewürfelt?«
Weiß der Teufel, warum, aber die Kollegen hielten mich für den Angelpapst! Wahrscheinlich hätten sie mir sogar den Würfelbecher abgenommen. Doch ich wollte ehrlich sein: »Quatsch! Ich hab' nur die Form meiner Boilies verändert: eckig statt rund.«
»Genial«, entfuhr es Rainer, der seit Wochen vergeblich mit runden Boilies ansaß. Tatsächlich ließ die veränderte Köderform auch scheue Karpfen wieder beißen.
Meine Eitelkeit hatte ihren Preis. Als ich das nächste Mal ans Wasser kam, kullerten nirgendwo mehr bunte Boilie-Murmeln; vielmehr sah es an allen Angelplätzen nach Würfelspiel aus. Die Boilies hatten über Nacht ihre Form gewechselt!

Verdammte Trittbrettfahrer

Dann kreischte auch noch die Rollenbremse eines anderen Anglers über den See. Ich ballte die Fäuste. Verdammte Trittbrettfahrer! Jetzt holte einer von ihnen mit Boiliewürfel einen großen Karpfen raus, nur weil ich wieder mal zu ehrlich gewesen war. Es wurde Zeit für eine kleine Lektion. Die Gelegenheit bot sich beim nächsten Vereinsangeln. Fünfzig Kollegen drängten sich am Ufer wie eine Schafherde. Nun begann ich mit dem Twistern. Aber wie! Ich hob und senkte meine Rute nicht, ich führte sie beim Einholen in spektakulären Kreisen durch die Luft. Das Rotorblatt eines Hubschraubers war nichts dagegen! Sofort hing eine Traube aus Anglern hinter mir: »Hast du so den großen Zander gefangen?« – »Was sollen die Kreise?«
Warum hebst und senkst du die Rute nicht?«
Ich holte tief Luft: »Diesen Trick hab' ich in Kanada entdeckt. So ähnlich

fängt man nachlaufende Muskies. Beim Zandertwistern gibt's nichts Besseres!«
»Die Geschichte mit den Muskies kenn' ich!«, rief einer aus dem Pulk. Zustimmendes Murmeln machte sich breit. Das Körnchen Wahrheit, mit dem ich meine Lüge gewürzt hatte, machte den Köder schmackhaft! Als ich wieder an den See kam, bot sich mir ein herrlicher Anblick. Es sah aus, als hätte sich die Nationalmannschaft der Kunstturnerinnen am Ufer breit gemacht! Rund um den See ließen die Kollegen ihre Ruten in der Luft rotieren. Trittbrettfahrer im Einsatz – diesmal allerdings auf Geisterfahrt!

Herren mit Zwangsjacke

Mein Grinsen wurde so breit wie das Maul eines Zwei-Meter-Wallers. Ich hätte gute Lust gehabt, die Herren mit der Zwangsjacke zu rufen. Aber das hätte ja auf mich, den »Erfinder« der Methode, zurückfallen können! Dennoch wollte ich meinen Triumph genießen. Also trat ich hinter Rainer, dessen Rute zirkusreife Kreise in der Luft beschrieb. »Petri Heil, Meister!«, sagte ich. Er zuckte zusammen wie ein beim Abschreiben ertappter Schüler. Dann ergriff er die Flucht nach vorne: »Ich probier' gerade deine Methode aus.« »Sicher mit Erfolg!«, stichelte ich. Sein Gesicht nahm die Farbe eines feuerroten Twisterschwanzes an. Offenbar war ihm sein chronischer Misserfolg peinlich! »Du hast ihn also gesehen?«, sagte er schließlich.
»Ihn?« Er nickte zu einem nassen Handtuch, das sich am Ufer über einem Baumstamm wölbte. Ich beugte mich darüber und lupfte es vorsichtig. Der »Baumstamm« war dunkelgrün und hatte schwarze Streifen. Die Glasaugen eines Zanders von 15 Pfund glotzten mich an. Wahrscheinlich war dem Fisch beim Anblick des rotierenden Twisters so schwindlig geworden, dass er seinen Verstand verloren hatte. Ein verdammter Zufallsfang! »Gratulation!«, zischte ich. »Dazu nicht«, sagte Rainer, »schließlich wurden heute mit deiner Methode schon größere Fische gefangen.« Dass mir nun schwindlig wurde, hatte nichts mit dem Anblick der rotierenden Rute zu tun! Es folgte eine Aufzählung wie aus der BLINKER-Hitparade. Fünf zweistellige Zander – und das an einem einzigen Vormittag! Die Zander fanden meinen Scherz nicht lustig, sondern zum Anbeißen!
Natürlich konnte ich, immerhin »Papst«, die Situation souverän meistern! Ich habe eine Angelschule eröffnet. Scharenweise pilgern meine Jünger zu Kursen im »Helikopter-Twistern« und beten mich als großen Lehrer an. In den Angelzeitschriften grinse ich von jeder zweiten Seite und predige das Twistern mit rotierender Rute. Demnächst geht meine eigene Köderserie in Produktion. Bei meinem Pech schließe ich nicht aus, dass der »Würfeltwister« auch noch fängt!

DER TAUCHERFLOSSEN-WELS

Er wollte nicht aufhören, an den großen Wels zu glauben. Da kamen seine Kollegen auf die Idee, ihm eine kleine Lektion zu erteilen ...

Der Wels war ein Märchen. Und alle wussten es. Nur Klaus nicht. Immer noch saß er an unserem Vereinssee auf den vermeintlichen Riesen an. Sein Keschernetz war so groß, dass er damit locker jedes Schlauchboot aus der Seenot hätte schöpfen können. Und sein Bissanzeiger musste nur »piep« machen, weil ein Rotauge in die Schnur geschwommen war, schon sprang er mit glänzenden Augen auf. Alle im Verein schüttelten den Kopf. Und eines Tages, als ich mit meinem Angelkumpel Werner wieder mal über Klaus sprach, hatte ich eine Idee. »Sag mal, Werner, du bist doch Taucher.«
»Klar doch!«
»Ich denke gerade an den Wels ...«
»Ob ich ihn schon gesehen habe? Unfug!«
»Nein, was ganz anderes. Und zwar ...«
Ein paar Minuten später hatten wir einen Plan entwickelt. Werner würde erst in seinen Tauchanzug, dann in die Rolle des Welses schlüpfen. Damit Klaus keinen Verdacht schöpfte, war es meine Aufgabe, ihn am Ufer in ein Gespräch zu verwickeln.

Spektakel am Morgen

Am nächsten Samstag, um 8 Uhr morgens, sollte das Spektakel über die Bühne gehen. Werner wollte sich von der Waldseite des Sees anpirschen, ins Wasser steigen und dann, mit Hilfe eines kleinen Eisenrings, den großen Haken fassen ...

Ich war um halb acht am Wasser, Werner wollte etwas später kommen. Klaus saß wie eine gespannte Feder auf seinem Stuhl. Ich grüßte ihn und fragte: »Na, was macht der Wels?«

»Heute beißt er! Ich bin ganz sicher. Sieh nur, da zieht ein Gewitter auf.« Tatsächlich rollte ein Donner über den See, und pechschwarze Wolken gaben ihm Geleit.

»Womit angelst du?«

»Tote Karpfen aus der Fischzucht. Keiner unter 2 Pfund!«

»Du bist dir also immer noch sicher ...«

»Sicher wie nie! Gestern habe ich ihn rauben sehen. Direkt vor meinem Angelplatz. Ich sage dir, ein wahres U-Boot!« Armer Klaus! Allmählich konnte er Wunsch und Wirklichkeit nicht mehr unterscheiden. Jeder Insektenring an der Oberfläche schien ihm als klatschender Wels, jeder Wellenschlag des Sees als gigantischer Schwall. Höchste Zeit, dass wir ihn zurück auf den Boden der Tatsachen holten!

Werner war pünktlich

Ich schaute auf die Uhr. Nun war es fünf vor acht. Werner war bestimmt schon im Wasser, ich musste Klaus ablenken. »Hast du den Wels denn schon öfter gesehen?«

»Logisch! Einmal trieb er eine Schleie vor sich her, drüben in der flachen Bucht ...«

8 Uhr! Am Himmel zuckte gerade ein Blitz – da piepte der Bissanzeiger! Klaus sprang auf. Er nahm die Rute, gab Schnur und ging in die Knie – dann schlug er an. Die Rute krümmte sich bis ins Handteil. »Das ist er!« brüllte Klaus.

Ja, das war er – Werner! Und er strengte sich offenbar mächtig an. Er stemmte sich gegen den Grund und arbeitete sich langsam in die Seemitte. Leider stiegen verräterische Sauerstoffblasen auf. Klaus nickte in diese Richtung. Hatte er Verdacht geschöpft? »Sieh nur«, sagte er, »der Fisch bohrt sich in den Grund! Gasblasen. Typisch Wels!« Werner spielte seine Rolle überzeugend! Jetzt zog er seitlich ins flache Wasser und schlug mit seinen schwarzen Tauchflossen an der Oberfläche. »Hast du diese Flosse gesehen«, jubelte Klaus. »Es ist ein Riese, ein echter Riese!« Inzwischen prasselte Regen, Blitz und Donner jagten sich. Hoffentlich würde Werner nicht vom Blitz erlegt! Der Drill spitzte sich zu. Wieder neigte sich die Rute, wieder gab die Bremse Schnur, wieder ging Klaus in die Knie.

»Wenn ich den krieg', wenn ich den krieg' ...« Seine Stimme überschlug sich. »Das wird der schönste Tag in meinem Leben!« Jetzt wurde mir flau im Magen. Am Ende würde sich Klaus mit seiner Hauptschnur vor lauter Enttäuschung erhängen – die Tragkraft hätte ja gereicht! Oder er ließ seine Wut mit dem Wallerholz an Werner und mir aus.

Himmel der Hoffnung

Je länger dieses Spektakel dauerte, desto höher wuchs seine Hoffnung in den Himmel. Und der, als wollte er warnen, antwortete mit Blitz und Donner. Also hob ich vorsichtig an: »Klaus – und wenn es gar kein Wels ist?«

»Ein Hecht wäre nie so stark, keine Sorge!«

»Ein Hecht nicht, aber ...«

»Aber was?« knurrte er genervt zurück. Er wollte sich auf den Drill konzentrieren.

»Aber ein – ein Taucher!«

»Ein Taucher? So ein Unfug. Warum sollte ...«

»Weil ich es mit Werner verabredet habe.« Klaus zuckte zusammen.

»Mit Werner? Der ist doch im Tauchverein.«

»Genau.«

»Ich habe gestern mit ihm verabredet, dass er um Punkt acht Uhr deinen Köder unter Wasser schnappt.« Sein Gesicht wurde finster wie der Himmel über uns. Ich zeigte aufs Wasser: »Und was du dort siehst, sind die Perlen aus seiner Sauerstoff-Flasche! Vor ein paar Minuten haben wir seine Taucherflosse an der Oberfläche gesehen.«

Schnitt im Drill

Wortlos zückte Klaus ein mächtiges Messer. Sein Arm holte Schwung. Ich sprang zur Seite. Er schlug die gespannte Schnur wie einen gordischen Knoten durch. »Verschwinde!« brummte er. »Ich werde den Wels trotzdem fangen. Ihr werdet schon sehen!« Er war ein noch größerer Optimist, als ich es geglaubt hatte. Er schüttelte die Enttäuschung einfach ab wie die dicken Regentropfen, die jetzt vom Himmel prasselten. Trotzdem stach mein Gewissen, als ich die paar Schritte zum Parkplatz lief. Dort wollte ich auf Werner warten. Eine halbe Stunde, hatte er am Vorabend gesagt, würde es dauern, bis er zurück am Parkplatz wäre. Vorsichtshalber hatte er schon damit gerechnet, das Wasser wieder am Waldrand zu verlassen.
Sein Auto sah ich schon von weitem. Aber dort saß doch ... Werner ließ die Scheibe runter: »Sorry! Das Gewitter! Ich konnte wirklich nicht ins Wasser. Lass uns die Aktion um ein paar Tage verschieben.« Klaus hat nie erfahren, dass sein Messer einen Traum durchschlug.

ANGLERIN IM DRILL

Haben Sie sich schon gefragt, was passieren muss, damit eine Frau den Angelurlaub im irischen Regen einem Strandurlaub auf Teneriffa vorzieht?

Das ist eine lange Geschichte, und sie beginnt mit dem ersten Rendezvous. Bei dieser Gelegenheit dürfen Sie über alles Mögliche sprechen, nur nicht übers Angeln: nicht von den Maden im Kühlschrank, von den Drillingen im Teppich und erst recht nicht von Ihrem Karpfenposter über dem französischen Bett. Befragt nach Ihrem Hobby, weichen Sie geschickt wie Politiker aus: Sie schwafeln von »Wassersport«, von »Naturbeobachtung« oder, falls sie Krankenschwester ist, von »morgendlichem Wassertreten«. Eines Nachts, wenn Sie um 3.30 Uhr aus dem dann schon gemeinsa-

men Bett springen, müssen Sie doch Fisch und Farbe bekennen. Sie kann's jetzt nicht mehr ändern! Den ersten Hecht im Kühlschrank behandelt sie so, als könnte er noch beißen: bloß nicht anfassen!
Ein dezentes Geschenk, das Sonderheft »Fischküche«, verstaubt ungelesen im Regal. Aber irgendwann kommt die Wende. Dann nämlich, wenn Sie in ihr Revier eindringen. Boilies springen aus den Töpfen, quellender Hartmais sprengt die Thermosflasche, und das Gefrierfach taut ab, weil ein Köderfisch seinen Schwanz in der Tür hatte. Den Teig treten Sie wie Fliesenkleber zwischen die Bodenkacheln.
Das kann sie nicht mit ansehen! Also kocht sie die Boilies und fragt später, wie immer nach dem Kochen: »Haben sie denn auch geschmeckt?« Nicht Ihnen, den Karpfen! Jetzt werden Fische interessant; sie ist ja an ihrem Fang beteiligt! Die »Fischküche« eröffnet doch noch. Sie bejubeln ihre erste »Forelle flau«, als hätte sie fünf Sterne verdient. Schließlich will die Köchin mit ans Wasser. Sie wählen einen himmelblauen Sommertag, einen schneeweißen Strand und ziehen in Badelatschen und mit Transistorradio los. Das ist Angeln? Dann will sie mehr davon! Wohin das führt, habe ich Ihnen bereits verraten: zu einem gemeinsamen Angelurlaub im irischen Regen!

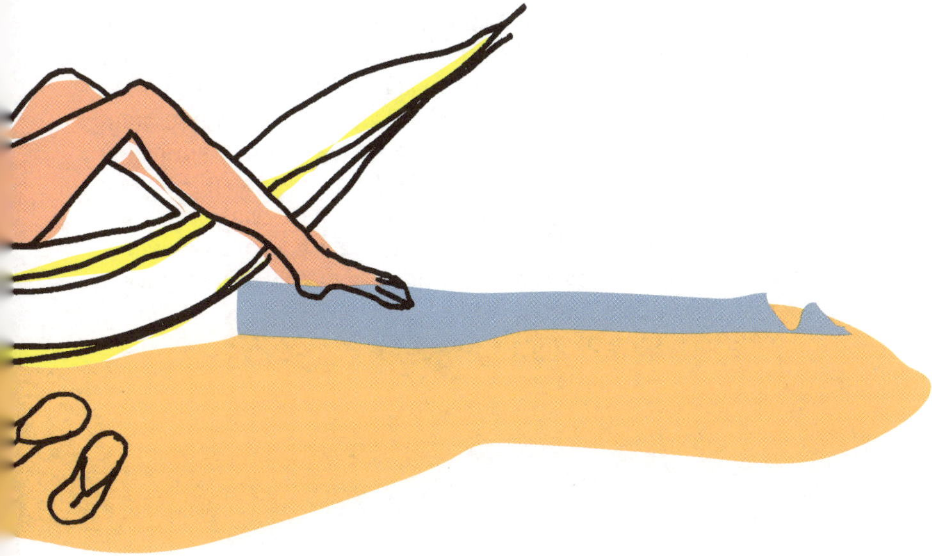

Helden und Statisten

Ich zupfe Klaus am Ärmel: »Hast du schon von meinem Hecht gehört? 21 Pfund!« Während er den Mund wie zum Gähnen öffnet und »gratuliere!« sagt, steht in seinen Augen: »Interessiert mich nicht, du Angeber!« Fast alle Kollegen reagieren auf heldenhafte Fangberichte wie der Vampir auf Knoblauch. Zumindest innerlich.
Nun fragen Sie vielleicht: Was könnte einen Angler mehr interessieren als große Fische? Große Fische, die er selbst gefangen hat! Es kann nur einen Helden, einen Fänger geben. Wer neben ihm steht, wird zum Statisten degradiert. Jedes Pfund, das ich in den Mund nehme, zieht meine Beliebtheit nach unten. Neulich kam mir eine geniale Idee. Ich fragte in die Runde: »Interessiert euch mein Hecht von 30 Pfund ...?« Die Blicke schrien »Nein«, aber ich fuhr unbeirrt fort. »Mein Hecht, den ich durch große Dummheit verloren haben?« Wie aus einem Mund sprang es mir entgegen: »Ja, erzähl‘ doch!«
Schon beim Auftakt meiner Geschichte, dem leichtfertigen Verzicht auf ein Stahlvorfach, hellten sich die Gesichter auf. Als ich fortfuhr, »die Bremse war zu fest geschlossen, die uralte Glasrute völlig überfordert und ich am Zittern wie ein Anfänger«, da rissen die Dämme der Schadenfreude; hämisches Grinsen floss aus allen Gesichtern. »Und dann«, fügte ich hinzu, »dann kam er ab. Kurz vor Land. Seine 1,30 waren einfach zu lang für meinen Rotaugen-Kescher!« Ich schaffte es kaum, den Mund zu schließen, schon brandete mir Sympathie entgegen. Zwanzig Hände klopften auf meine Schulter: »Nimm’s nicht tragisch« – »Hätt’ ihn dir gegönnt!«– »Beim nächsten Mal!« An diesem Abend habe ich nicht ein Bier selbst bezahlt; jeder lud mich ein und tröstete mich – mit Heldengeschichten vom eigenen Fang! War gar nicht schwer zu ertragen. Jedenfalls nach dem fünften Bier!

DER ONKEL UND DIE GROSSFORELLEN

Sein Onkel war Pächter einer berühmten Forellenstrecke in Bayern. Doch als die Einladung kam, wussten Robert und er nicht, auf welches Abenteuer sie sich einließen.

Ich schwenkte den Brief wie eine Siegesflagge. Robert riss mir das handbeschriebene Blatt aus der Hand. Seine Augen flogen über den Text. Dann strahlte er: »Wer hätte das gedacht: Dein Onkel lädt uns doch noch zum Forellenangeln an die Grüne Traun ein!« Vor einigen Jahren hatten wir in einer Angelzeitschrift von der Grünen Traun gelesen. »Der beste Forellenfluss unter Bayerns Himmel«, hieß es, so voll mit Kapitalen, dass man das Wasser trockenen Fußes überqueren könne. Später hörte ich, ausgerechnet mein alter Onkel Herwig, vor 40 Jahren nach Bayern ausgewandert, hatte diesen Traumfluss gepachtet. So wurde Herwig, den ich zuletzt als Kind gesehen hatte, wieder mein Lieblingsonkel. Ich bedachte ihn mit Weihnachtskarten, Ostergrüßen und Geburtstagswünschen – immer unterschrieben mit »Dein Neffe Martin«, damit er überhaupt noch wusste, wer ich war. Im PS winkte ich mit dem Rutenpfahl: »Beneide dich um deinen Forellenfluss! Davon können Angelfreund Robert und ich hier im Norden nur träumen!«
Endlich durfte ich nun zum Telefonhörer greifen und unseren Besuch bestätigen. Da mein Onkel schwerhörig war, musste ich brüllen: »Wir kommen am Samstag!«
»Bier kommt am Gamstag?«
»Nein, Onkel – wir, Robert und ich, kommen am Samstag!« Nun hatte er mich verstanden. »Wir werden über die Autobahn fliegen!«
»Fliegen«, wiederholte er freudig.
»Ja«, sagte ich, »spätestens um zehn sind wir da!«

Triumphzug

Auf der Fahrt malten wir uns einen Triumphzug aus. »Dein Onkel wird staunen, was wir fangen!« sagte Robert.
»Kann gut sein«, nickte ich, »er war immer ein Plumpsangler: Aalglocke, Sargblei, Tauwurm, 45er Schnur. Und so ein Trampel am Ufer, dass die Fische ihn für ein Erdbeben halten.«
Wir waren ausgebuffte Forellenprofis. Mit unserem Lieblingsköder, einem Suspender-Wobbler, kitzelten wir so ziemlich jede Forelle aus ihrem Unterstand. Sogar in unseren norddeutschen Auen – wie würden wir dann erst an der Grünen Traun abräumen! Mein Onkel empfing uns vor seinem Haus, einem windschiefen Bauernhof. Er war ganz der Alte, ein kugelrund-

er Mann, der übers ganze Gesicht strahlte, Glatze inklusive. Seit ich ihn kannte, umklammerte seine rechte Hand ein Leberwurstbrot, von dem er dauernd abbiss, ohne dass es je gegessen war. Vielleicht sorgte meine Tante für Nachschub. »Kommt mit in meine Angelstube«, sagte er kauend. Ein Fischernetz schmückte die Decke. In den Maschen hingen Dutzende von Streamern, den Kopf nach unten, wie Kunstturner am Reck. Ein alter Angelhut auf dem Eckregal war übersät mit Trockenfliegen. An die Wand streckte sich eine Gespließte. Der Onkel goss uns ein Kirschwasser ein: »Darauf, dass ihr mit euren Fliegen erfolgreich seid!« Robert, der schon genippt hatte, hustete eine kleine Schnapsfontaine.
»Fliegen?«
»Ihr fischt doch mit Fliegen, nicht wahr?«
»Klar doch!« redete ich dazwischen.
Offenbar hatte sich mein Onkel vom Plumps- zum Fliegenfischer gewandelt! Und wenn »Fly only« galt, waren Wobbler am Wasser so wenig erwünscht wie Fliegen in der Suppe. Robert hakte nach: »Wie fängst du deine Forellen?« fragte er den Onkel.
»An welchen Stellen?«
»Nein«, wiederholte Robert lauter, »wie du deine Forellen fängst?«
»Ah. Immer an der Oberfläche. Beim Steigen.« Hatte ich also doch recht!

»Wie konntest du nur!«
Auf unserem Zimmer zischte mich Robert an:
»Wie konntest du nur! Wir sind doch keine Fliegenfischer!«
»Kein Problem, ich habe Wasserkugeln dabei. Und die Fliegen leihen wir uns vom Onkel.«
»Wasserkugel und Spinnrute? Das wird er nie erlauben!«
»Muss er auch nicht. Wir fragen erst gar nicht.«
»Aber er wird doch sehen, dass wir keine Fliegenruten ...«
»Eben nicht. Zum Wanderangeln war er schon immer zu faul. Wetten, er lässt uns allein zum Fluss!«
»Und dann?«
»Dann schlendern wir mit geschlossenem Futteral davon, kommen abends mit einem halben Dutzend Forellen zurück. Und sagen ganz ehrlich: Auf Fliege »gefangen.«
Mein Onkel lieh uns Trockenfliegen aus seinem Hobbyraum und blieb tatsächlich zu Hause. Wir verschwanden über einen holprigen Acker. Dann ging es eine saftig-grüne Böschung hinab, schon glitzerte der Fluss unter einer Holzbrücke hervor. »Fluss« war fast zu viel gesagt: Die Grüne Traun war ein Bach. Auf der Brücke stand eine Omi und fütterte Enten.
Wir liefen gegen den Strom, immer tiefer in einen Tannenwald, um vor Blicken geschützt zu sein. Schon unsere Ruten hätten verraten, dass hier

keine herkömmlichen Fliegenfischer am Werk waren. Dann fädelten wir unsere Wasserkugeln auf die Hauptschnur und knoteten Trockenfliegen an ein langes Vorfach.
Der Bach zog sich in wunderbaren Schlangenlinien durch den Wald. Die Tannenäste überragten ihn so dicht, dass sie oft das Wasser berührten, vor allem in den Kurven. »Der beste Forellenfluss unter Bayerns Himmel!« sagte Robert hoffnungsfroh. Wir warfen aus. Die Fliegen trieben wie hingehaucht voraus, die Wasserkugeln wie unsichtbare Luftblasen hinterher. Es war ein perfektes Angeln. So gut hätte es kein Fliegenfischer gekonnt, bei diesen vielen Ästen.

Forellen mit Fleischeslust

Da! Vor Roberts Wasserkugel öffnete sich das Wasser. Ein Fisch von bestimmt zwei Pfund! Robert wartete. Mit eisernen Nerven. »Schlag doch an!« »Warum? Der hat nicht meine Fliege genommen. Sondern einen Kleinfisch nebenan gepackt!«
Das Wasser kochte! Dutzende von Großforellen schlugen sich die Bäuche voll. Die Fleischeslust trieb sie. Fischchen, Kaulquappen, Frösche – sie jagten alles, was durchs Wasser zuckte. Das einzige, wofür sich an diesem Tag kein Maul zu öffnen schien, waren Trockenfliegen. Und wir mussten noch am selben Abend wieder heimfahren.
»Hätten wir bloß unsere Wobbler!« jammerte ich und dachte an die Köderbox im Auto. »Sei froh, dass wir sie nicht haben«, sagte Robert gequält. »Sonst würden wir zu Gesetzlosen!« So ging das den ganzen Tag.
Schließlich waren wir Kilometer flussab gelaufen. Es dämmerte schon. Da schoss eine flüchtende Elritze in den Ufersand, direkt vor meinen Füßen. Wenn das kein Zeichen des bayrischen Himmels war! Ich konnte nicht anders. Zog das Fischchen auf meinen Haken und warf weit stromab.
»Lass den Unfug!« rief Robert. »Das ist doch ein Naturköder!«
In diesem Moment hörte ich die Stimme meines Onkels. Der Schreck fuhr mir bis in die Watstiefel. Ich sah, dass die Brücke schon wieder in Sichtweite war. Dort plauderte er mit einem Passanten. Ein Blick flussauf, und er hätte uns gesehen! Ich kurbelte die Wasserkugel ein, dass sie wie ein Rennboot übers Wasser flitzte. »Achtung, da kommt eine!« zischte Robert. Tatsächlich war hinter meiner Wasserkugel eine Bugwelle aufgetaucht – eine gigantische Bachforelle! Oh Petrus, lass sie jetzt bloß nicht beißen! Der Lärm des Drills hätte meinen Onkel auf uns aufmerksam gemacht – und wie hätten wir ihm die Spinnrute und die Wasserkugel erklären sollen? Beide legten wir einen Zahn zu: ich beim Kurbeln, die Forelle beim Jagen. Ein groteskes Rennen: Ich versuchte, meinen Köder vorm Biss meines Traumfisches zu bewahren! Aber es gelang mir nicht. Die Forelle

packte die Elritze, ich wollte sie ihr aus dem Maul zerren. Ein fürchterliches Klatschen begann, so laut, als wenn sich ein Schwan in die Höhe peitscht. Dann war der Fisch ab.

Vom Donner gerührt

Wir standen da wie vom Donner gerührt. Dieser Lärm musste den Blick des Onkels auf uns gelenkt haben! Aber er rührte sich nicht. »Stimmt, er ist ja schwerhörig!« sagte Robert. Mir fiel ein Stein vom Herzen. Wir stopften unsere verräterischen Ruten blitzschnell ins Futteral.
»Mal gespannt, ob der Onkel den Doppelzug beherrscht«, sagte ich. Onkel Herwig saß mit einem Klappstuhl auf der Holzbrücke. Neben ihm lagen drei prächtige Forellen auf den Planken. Allen dreien ragte noch das Vorfach aus dem Maul; sie hatte wohl tief geschluckt. An der Spitze seiner alten Steckrute klemmte eine Aalglocke.
»Aber Onkel!« rief ich überlaut, »du bist doch Fliegenfischer!«
»Ich? Gott bewahre!«
»Und das Fliegengerät in deinem Hobbyraum?«
»Das hat mir ein alter Kollege vermacht.«
Robert schaltete sich ein: »Aber du hast doch gesagt, du fischst auch auf steigende Forellen.«
»Tu ich auch«, sagte er Onkel. Vor unseren Augen zupfte er eine Ecke von seinem Leberwurstbrot, zog sie auf den Haken und ließ es hinab. »An meinem Bach sind alle Köder erlaubt. Hier an der Brücke werden Enten gefüttert. Die Forellen sind ganz wild auf Schwimmbrot.«
Dann biss er selber ab und meinte mampfend: »Ihr wolltet ja mit Fliegen fischen. Das hattest du mir am Telefon gesagt, Martin.«
»Ich?«
»Jawohl.«
Ich grübelte. »Dass wir über die Autobahn fliegen werden – das habe ich gesagt!«
»Sagte ich doch: mit Fliegen fischen!«
Jetzt bimmelte seine Aalglocke. Eine Forelle schlug wild unter der Brücke. Doch mein Onkel verzog keine Miene; der Lärm drang nicht zu ihm vor. Und mir war, als spiegelte sich der Vollmond schmunzelnd auf seiner Glatze.

*

DER SCHNEIDER-BERATER

Wer nichts mehr fängt, gerät schnell in falschen Verdacht – und kann professionelle Hilfe gebrauchen.

Die Idee kam meinem Freund Heiner, als seine Frau das blonde Gras wachsen hörte: »Hat es dir trotzdem Spaß gemacht?«, fragte sie süffisant, als er zum wiederholten Mal ohne Fisch nach Hause kam. »Was willst du damit sagen?« »In letzter Zeit gehst du immer öfter Nachtangeln. Kommst erst um 2 Uhr nach Hause, aber bringst nie einen Fisch mit. Ich bin doch nicht blöd!« In der Tat hatte Heiner eine beachtliche Schneiderserie hingelegt. Ich wurde in den Zeugenstand gerufen und sagte unter Eid aus, dass der Angeklagte die letzten Nächte unter meiner Aufsicht am Wasser verbracht hatte, ohne sittlichen Fehltritt. Als Beweisstück für unser gemeinschaftliches Angeln hielt ich meinen mickrigen 175-Gramm-Aal hin, viel zu klein, um vom Fischhändler zu stammen. Immer noch schaute Heiners Frau, das hohe Gericht, wie ein pechschwarzer Wolkenhimmel vorm Blitzeschleudern drein.
Da sprang meine Liebste in den Zeugenstand: »Mach dir keine Sorgen: Martin kommt auch oft ohne Fisch heim, obwohl er tatsächlich angelt!« Ich wünschte, sie hätte »manchmal« gesagt! Aber sie meinte es ja gut. So erlebten wir doch noch einen Freispruch. Natürlich wollte Heiner alles tun, um neue Ehekrisen zu vermeiden, das hieß: Er wollte nie mehr Schneider bleiben! Aber wie? Er wälzte Bücher, nahm Angelunterricht und saß im Schneidersitz beim Psychologen. Nach ein paar Wochen rief er mich an und jubelte: »Ich hab's!«

Der Aushang
Bald darauf steckte an der Pinnwand im Angelladen folgender Aushang: *»Fallen Sie schon auf, weil Sie nichts mehr fangen? Keine Sorge, ich weiß Hilfe! Erstklassige Beratung für Schneider, die es nicht länger bleiben wollen. Diskretion garantiert!* «
Heiners Telefon stand nicht mehr still! Bei Nacht und Nebel, den Mantelkragen hochgeklappt, gaben sich Wanderangel-Prediger, Hechtspezialisten, Karpfenfetischisten und alle möglichen Petrijünger die Klinke seiner Schneiderberatungs-Praxis in die Hand. Die Gespräche, erzählte mir Heiner, liefen stets nach demselben Muster: Die Klienten gaben zunächst vor, sie suchten die Beratung nicht in eigener Sache – Gott bewahre! –, sie seien im Auftrag eines Freundes unterwegs. Erst wenn Heiner beim heiligen Petrus schwor, kein Wort an Dritte zu verlieren, kam die Wahrheit auf den Tisch. Dem typischen Schneider geht es wie einem Mittelstürmer, der

das Tor nicht mehr trifft. Er kommt einmal ohne Fisch nach Hause und denkt sich nichts dabei. Beim zweiten Mal wird er nervös, beim dritten Mal wägt er sich als Opfer eines Fluches, und beim vierten Mal ist der Ofen endgültig aus. Nichts hängt mehr, nichts fängt mehr. Verhext! Und je länger ein Angler nichts mehr fängt, desto mehr gerät er unter Druck. Er träumt von dem Jubeltag, an dem er sein letztes Fischlein aus dem Wasser zog. Er addiert seine fischlosen Minuten, bis ihn unterm Strich die Ewigkeit angrinst. Schließlich wird auch noch die Frau misstrauisch (wie bei Heiner). Die Angelkumpels klopfen dumme Sprüche. Und das Selbstwertgefühl sinkt wie ein Sargblei im weichen Schlamm.

Gefangen im Teufelskreis

Nun setzt ein Teufelskreis ein: Weil der Schneider nichts fängt, aber unbedingt fangen will, probiert er die absurdesten Methoden aus. Und weil er die absurdesten Methoden ausprobiert, fängt er erst recht nichts mehr. So beriet Heiner einen erfahrenen Hechtangler, der schließlich mit einer Bananenschale spann, einen Welsprofi, der verzweifelt die Quietscheente aus der Badewanne mit fünf Drillingen versah, und einen Stipper, der seine Maden durch Reiskörner ersetzte.

Wie sieht Heiners Therapie aus? Zunächst fordert er den Schneider auf, zu seiner alten Methode zurückzukehren, was stets zu dem Protestruf führt: »Damit lässt sich aber nichts fangen!« »Genau«, sagt Heiner dann, »Ihr Auftrag ist, dass Sie in dem festen Vorsatz ans Wasser gehen, bloß keinen Fisch zu fangen! Halten Sie sich auf jeden Fall an diese Weisung!«

Heiner hat herausgefunden: Ein Schneider ist jemand, der beim Angeln nicht erreicht, was er möchte. Wenn er fangen will, geht er leer aus, weil er fangen will. Aber wenn er nicht fangen will? Dann macht er natürlich Beute, weil er nicht fangen will! Erst recht, wenn er wieder die fängigen Methoden verwendet Meist dauert es nur ein paar Tage, bis Heiner ein glücklicher Schneider a.D. um den Hals fällt und mit kindlichem Eifer das Beweisfoto präsentiert. Die Klienten strecken jedes 15-Zentimeter-Rotauge stolz wie einen Zwei-Meter-Wels in die Kamera. Endlich wieder ein Fisch! Die Heilungsquote liegt bei 100 Prozent. Zuletzt hatte Heiners Frau den örtlichen Scheidungsanwalt in der Leitung: »Darf ich Ihren Mann in geschäftlicher Sache sprechen?« Sie wurde bleich. Also doch eine andere! Hatte sie es doch geahnt! Was der Herr tatsächlich wollte, hörte sie dann später von Heiner: im Lachsurlaub nicht länger Schneider bleiben ...

BITTE LÄCHELN, HERR FISCH!

Ist Ihnen schon mal aufgefallen, was passiert, sobald ein Angler mit Fotoapparat ans Wasser kommt?

Die Karpfen tun so, als wären Boilies ungenießbare Murmeln. Die Hechte winken mit ihren Brustflossen kleine Rotaugen und große Gummifische durch. Und die Forellen beobachten den Insektenschlupf und die Trockenfliege mit wissenschaftlichem Interesse, allerdings ohne den üblichen Biss. Nichts frisst, nichts raubt, nichts beißt mehr.
Das Wasser liegt da wie Blei. Jetzt den Auslöser drücken, und der nächste Urlaub am Toten Meer ist im Kasten! Mit dem Risiko, im Backofen zu enden, kann jeder Fisch leben. Aber die Vorstellung, überraschend von einem Angler fotografiert zu werden? Schrecklich!
Fische sind eitel. Der Karpfen fühlt sich zu dick, der Wels zu unrasiert, der Hecht will nicht als Rotaugenschänder auf einem Fahndungsplakat am Barschberg enden. Und der Schleie wäre es peinlich, würde man sie mit den roten Augen nach einer (im Schlamm) versackten Nacht ablichten.
So steht er ratlos am Ufer, unser Mann mit Kamera, dreht Däumchen und die Kurbel seiner Rolle, aber nichts beißt. Natürlich ist er kein Angler. Aus einem Angler, der ein bisschen fotografiert, wird immer ein Fotograf, der ein bisschen angelt. Seine Augen dehnen sich zu Weitwinkeln. Sein Kreislauf spult Filme vor und zurück. Und sein Gehirn wird zur Dunkelkammer, in der sich nur noch Fotos entwickeln.
Für ihn gibt es keine Anblicke mehr, dafür Motive. Keine Fänge, dafür Fangfotos. Die Kamera ersetzt das Gaff, macht Fische dingfest. Verwackelte Kapitale wiegen nur die Hälfte. Da hilft auch der Weitwinkel nichts, der sonst Köderfische zu Krokodilen und Zeigefinger zu Fleischwürsten aufbläst. Angelfotografen glauben an Horoskope, Wetterberichte, Wahlversprechen und manche sogar an die Tragkraftwerte auf den Schnurspulen. Aber an Fische, von denen es kein Bild gibt, glauben sie nicht. Im Kreuzworträtsel hat ein »Fang ohne Beweisfoto« für sie fünf Buchstaben: LUEGE!
Sie selbst können jeden ihrer Fänge belegen, oft mit Zollstock daneben. Die Fische sind manchmal gekauft; ein Bild schwindelt mehr als tausend Worte. Blitzlicht, Donnergrollen, Filmriss – Album zu!

Mönche am Stammtisch

Neulich hörte ich, wie am Stammtisch ein paar Kollegen über die erfolgreichsten Fliegenfischer meines Vereins sprachen, die Gebrüder Schlecker. Einer schimpfte: »Was die anknoten, das sind schon keine Fliegen mehr. Das sind, das sind« – seine Empörung steigerte sich, er suchte nach einem Wort – »das sind schon Spinnköder. Ja, genau, Spinnköder sind das!« Die anderen nickten und schlugen, wie zur Bekräftigung, ihre Bierkrüge auf den Tisch. Angeblich fangen die Gebrüder Schlecker ihre großen Bachforellen mit besonders großen Streamern. Und wer so auf einer Fliegenstrecke angelt, dem müssen die Kapitalen ja reihenweise in den Watkescher springen. Meinte die Runde. Als ehrlicher Angler, der man eine 20er Trockenfliege anbietet, darf man sich auf die 20-Zentimeter-Forelle deutlich mehr einbilden. Jawohl! Als nächstes geriet Hans-Herbert, der erfolgreichste Hechtangler, ins Visier. Zwar gestand man ihm zu, dass er jedes Jahr vier bis fünf Meterhechte fing – aber das ist ja auch kein Kunststück, wenn er mit Echolot, Downrigger und Schleppruten angreift! Meinte die Runde. Als ehrlicher Angler, der man einen Mepps vom Ufer wirft, darf man sich auf den 40-Zentimeter-Hecht deutlich mehr einbilden. Jawohl! Hier tagten offenbar lauter Mönche, die sich beim Angeln in selbst auferlegter Enthaltsamkeit übten, mit anderen Worten: stets Schneider blieben. Aus ihrem Klosterturm blickten die Herren auf das verwerfliche Treiben der fangenden Angelwelt mit gebührender Verachtung hinab.

Ein paar Tage später, im Angelladen, sah ich zwei der Mönche wieder. Ich stand in einer Ecke und inspizierte Ruten, sodass sie mich nicht bemerkten. Der erste kaufte die »Doppelratte«, den größten Streamer des Angebots. Aber erst, nachdem er sich vom Händler hatte versichern lassen, dass auch die Gebrüder Schlecker dieses Modell verwenden. Der zweite Mönch ging mit einem Echolot, einer Downriggerkugel und einer Schlepprute aus dem Laden, alles so verpackt, dass es auf der Straße nicht mehr zu erkennen war.

Da habe ich beschlossen: Falls ich jemals einen Angelroman schreibe, wird er in einem Kloster spielen, es kommen ein paar Heuchler darin vor, und der Titel wird lauten: »Im Namen der Pose«!

DAS MONSTER UND DIE BASTELWUT

»Probier' mal den!« Fred drückt mir ein Monster in die Hand, einen Besenstiel mit roten Knopfaugen, silbernem Drillingsschmuck und einem beleidigt schiefen Maul.

Sein erwartungsvoller Blick fixiert mich, als müsste ich in Jubel ausbrechen. Ich ringe um Fassung. »Mein bester Hechtköder!«, jubelt Fred. »Absolut unschlagbar! Habe diesen Winter 34 Stück geschnitzt.«
Natürlich erwartet Fred, dass ich meinen Illex gegen seine Missgeburt austausche. Während er rudert, hole ich meine Schlepprute ein, fummle am Karabiner, werfe neu aus und stecke die Rute zurück in den Ständer. Selbstverständlich auch ein Eigenbau von Fred.
Manchmal glaube ich, das Angeln ist für ihn nur ein Vorwand, um seine Bastelwut auszuleben. Aus Vogelfedern macht er Posen, aus Weinflaschen Reusen, aus Coladosen Blinker, aus Zeltplanen Futterale. Und seine alte Waschmaschine ist das einzige Aquarium der Welt mit Schleudergang und spezieller »Buntwäsche«, wahrscheinlich für allzu farbenprächtig geratene Goldfische.
Dieser Fred also sitzt mir gegenüber auf einer Eigenbau-Ruderbank, legt sich in seine Eigenbau-Ruder und wacht dabei über seine Eigenbau-Schlepprute. Aber eine andere Rute, Fabrikbau aus Fernost, biegt sich – meine! »Siehst du«, brüllt Fred, während ich drille.
»Was soll ich sehen? Ist der Hecht schon an der Oberfläche?«
»Mein Wobbler! Mein Besenstiel-Wobbler! Dem verdankst du's!«
Fehlt nur noch, dass er mir den Hecht gleich auch noch als »Eigenbau« vorstellt. Doch weit gefehlt, er schaufelt den 10-Pfünder ins Netz, ohne ihn eines Blickes zu würdigen. Stattdessen wühlt er verliebt in einem Stapel aus Besenstiel-Wobblern am Boden seiner Gerätekiste und streichelt zärtlich die hölzernen Körper.
So entgeht ihm, wie ich den Wobbler löse. Der Drilling sitzt spitz, der Hecht ist schnell befreit – von meinem Illex, den ich vorsichtshalber drangelassen habe ...

*

EXPLOSION IM SCHONGEBIET

Als er die Hechtrakete im Schongebiet explodieren sah, klangen ihm die mahnenden Worte des Vorsitzenden noch im Ohr.

Der Hecht schob eine Bugwelle, als hätte jemand eine U-Boot-Rakete abgefeuert. Das Geschoss explodierte, Wasserfetzen und Kleinfische spritzten zu allen Seiten. Und dann lag der See wieder friedlich im Abendrot.
Wenn ich Ihnen jetzt sage, dass ich mit meiner Spinnrute in Wurfweite des Hechtes am Ufer stand, ihn aber nicht angeworfen habe – was sagen Sie dann? Natürlich zuckte mein Arm nach hinten, der Wobbler pendelte in der Luft, und ich sah ihn schon aufkommen, direkt vor der Bugwelle, vor dem aufgerissenen Maul des Hechtes. Aber mir klangen noch die mahnenden Worte des Vereinsvorsitzenden Dr. Hauptmann im Ohr, der mich erst vor ein paar Tagen als neues Mitglied aufgenommen hatte: »Vergessen Sie nicht: Nur die eine Hälfte des Sees darf beangelt werden. Die roten Pfeiler am Ufer markieren die Grenze. Wer den Köder auch nur in die andere Hälfte wirft, fliegt aus dem Verein!« Mit einem kurzen Blick auf die Gewässerkarte hatte ich mich vorm Angeln orientiert. Jetzt stand ich direkt neben dem Pfeiler. Und 20 Meter rechts von mir, im Schongebiet, löste sich allmählich der Strudel auf, den der Hecht beim Abtauchen hinterlassen hatte. Überhaupt sah meine Hälfte des Sees ziemlich reizlos aus: kein Ring an der Oberfläche, keine Bläschen, ja nicht mal ein Seerosenfeld. Aber drüben, im Schongebiet, rollten sich Karpfen, Barschschwärme raubten, Schleien gründelten vor den Seerosen, und dicke Rotfedern schlürften Insekten von der Oberfläche.

Paradies und Schlange

Die andere Seehälfte war das Paradies, und ich brauche Ihnen wohl kaum zu sagen, was mir die Schlange ins Ohr zischte. Aber nach fünf Jahren auf der Warteliste des Vereins mit den besten Gewässern weit und breit wollte ich keinen frühzeitigen Rauswurf riskieren. Also warf ich meinen Wobbler ins tote Wasser und kurbelte ihn immer wieder ein, bis er gegen die Rutenspitze knallte; denn meine Augen und meine Gedanken waren in der anderen Seehälfte, im Paradies.
Der Hecht quälte mich! Wieder schob er raketengleich seine Bugwelle. Rotaugen von 300, 400 Gramm spritzten wie die riesigen Silberfunken eines Feuerwerks aus dem Wasser. Erneut zuckte mein Arm. Zumal sich der Hecht, von seiner Gier getrieben, an den Rand des Paradieses wagte; nur noch zehn Meter trennten mich von ihm, dem Riesenhecht, dem Fisch

meines Lebens! Verstohlen schielte ich um mich. Waren andere Angler am Wasser? Blitzte irgendwo zwischen den Büschen das Fernglas eines Aufsehers?
Nichts zu sehen. In diesem Augenblick durchbrach der Hecht das Uferwasser. 40 Pfund wälzten sich im Schongebiet, nur zehn Meter neben mir, und stießen sich mit einem mächtigen Schwanzschlag zurück ins tiefere Wasser. Einige Weißfische, von der Welle geschleudert, zappelten hilflos am Ufer. Jetzt war mir alles egal! Für so einen Hecht würde ich Kopf und Kragen riskieren! Mein Wobbler flog in das Schongebiet, wieder und wieder. Aber der Hecht raubte jetzt 40, 50 Meter in der verbotenen Hälfte, meine Würfe erreichten ihn nicht mehr.

Slalom zum Hecht
Ich konnte nicht anders und schob mich an dem roten Pfeiler vorbei wie an einer Slalomstange. Jetzt stand ich dort, wo der Hecht raubte, mitten im Schongebiet. Nur ein läppischer Wurf, nur zehn Meter trennten mich von ihm. Mein Wobbler klatschte ins Wasser, ich drehte an. Da passierte es! Mein Herz hämmerte, meine Hände zitterten, Schweiß brach aus. Verlegen stammelte ich: »Guten, guten Abend, Herr Dr. Hauptmann.« Der grauhaarige Vorsitzende war leise hinter mich getreten. Jetzt wusste ich, was mir blühte! Blitzschnell holte ich den Wobbler ein, damit der Hecht bloß nicht auf die Idee kam, auch noch zu beißen. Ironisch fing Dr. Hauptmann an: »Solche Angler wie Sie, Herr Wehrle, lobe ich mir: erst seit drei Tagen Mitglied, aber schon im vollen Einsatz am Wasser!«
»Ich, ich – ich wollte – ich hatte – ähm, ich dachte ...«
Wieder klatschte der Hecht, nur drei Rutenlängen vor uns. »Wird's bald«, traktierte mich Dr. Hauptmann, »werfen Sie ihn doch an!« Ich steckte die Spinnrute zusammen, drehte mich um und ging. Mein Rücken brannte unter den Blicken der Verachtung, die ich auf ihm wägte.
Einige Tage später, so kam mir zu Ohren, hat der Vorsitzende diese Geschichte auf der Hauptversammlung vor 200 Mitgliedern erzählt. Er schloss mit den Worten: »Ein Weidmann, wie er im Buche steht! Ein Angler, der auf den Fisch seines Lebens verzichtet, um unser Gewässer zu schonen! Obwohl Herr Wehrle erst seit kurzem Mitglied ist: Ich schlage ihn vor für die silberne Ehrennadel unseres Vereins!« Einstimmig angenommen! Was, zum Teufel, war passiert? Ich kramte die Gewässerkarte hervor und stellte fest: Ich hatte sie vorm Angeln auf dem Kopf gehalten – und so die beiden Gewässerhälften verwechselt! Der Hecht hatte mich aus dem Schongebiet auf legalen Boden gelockt. Und ich Trottel habe freiwillig auf seinen Fang verzichtet!

EIN BISS IM FISCHLEEREN RAUM

Er hatte ein sicheres Gefühl für Beißtage. Doch diesmal, an einem heißen Sommertag, schien es ihn zu trügen.

An manchen Tagen zieht es mich mit einer solchen Kraft ans Wasser, dass ich ganz sicher weiß: Heute fange ich einen Kapitalen! Heute oder nie! Genau dieses Gefühl überkam mich letztes Jahr an einem Julitag. Die Mittagssonne brannte, ich hatte bis dahin auf dem Liegestuhl im Garten gedöst.
»Ich geh‘ ans Wasser«, sagte ich zu meiner Liebsten.
»Fein«, sagte sie, »ich pack‘ unsere Badesachen.«
»Nicht ins Freibad – zum Angeln!« Sie schüttelte den Kopf. »Du holst dir einen Sonnenstich.« Eine halbe Stunde später rollte mein Auto an unseren beiden Vereinsteichen vor. Am ersten Teich saßen zwei Kollegen mit freien Oberkörpern – ein Dicker mit rotem Vollbart und ein kleiner Schmächtiger. Ihre Ruten hatten sie achtlos in den Sand geworfen und dösten in der Sonne. Ich setzte mich an den anderen Teich, knapp 30 Meter entfernt. Vielleicht gar keine schlechte Idee – dieser Teich sollte in den nächsten Wochen abgefischt werden. Letzte Fangchance.

In die Irre geführt?
Aber welche Fischart sollte heute eigentlich beißen? Bei dieser Bullenhitze würde kein Karpfen den Mais kosten, keine Schleie am Wurm zupfen und kein Hecht sich auf den Wobbler stürzen. Und die großen Aale, für die der Teich berühmt war, lagen bestimmt in sicherer Deckung vor dem Licht. Hatte mich mein Gefühl heute in die Irre geführt? Gab es hier nichts zu holen, außer einem kapitalen Sonnenstich? Ich legte meine beiden Grundruten mit Wurm aus. Inzwischen waren die beiden Kollegen aus ihrem Sonnenschlaf erwacht. Sie tuschelten miteinander, schauten in meine Richtung und lachten so herzhaft, dass ich trotz der Entfernung ihre Bauchdecken beben sah. Lachten sie mich etwa aus? Der Rotbart rief mit gepresster Stimme: »Na, schon was gefangen, Meister?« Das klang so, als wäre meine Angelei bei dieser Hitze so aussichtslos wie der Verkauf von Glühwein. »Noch nicht«, rief ich zurück. Die beiden lachten erneut. Der Schmächtige rief: »Für jeden Fisch, den du an deinem Platz fängst, gebe ich dir einen Hunderter!«
»Ernsthaft?«
»Bei meiner Ehre!«
»Abgemacht.«

6000 Euro Stundenlohn

Wenn der Kerl dachte, ich würde weiterhin nur mit Wurm am Grund angeln, hatte er sich getäuscht! Ich montierte die Matchrute mit einem 1,5-Gramm-Waggler, einem 10er Vorfach, einem 20er Haken und einer winzigen Made. So würde ich jede Minute einen Köderfisch fangen. Machte einen Stundenlohn von 6000 Euro. Nicht schlecht – oder? Aber so viel ich auch fütterte, so sehr ich mich bemühte: Die Pose stand vor mir wie in einem Aquarell. »Wo bleiben die Fische?« rief der Bärtige. »Pass auf, ich mach's vor!« Er griff zur Stippe. Nervös schielte ich zu ihm hinüber – tatsächlich zappelte ihm schon nach einer halben Minute das erste kleine Rotauge entgegen. Und ich, der 100 Euro pro Fisch bekommen hätte, schwitzte bisslos vor mich hin. Der Uferboden kam mir wie ein Backrost vor. Mindestens 220 Grad, aber ohne Umluft. Allmählich wurde ich Schwarz, vor lauter Hitze, vor vergeblichem Warten. Derweil fing der Rotbart einen Köderfisch nach dem anderen. War das alles nur ein schlechter Traum? Lag ich zu Hause in der Hängematte? Ich riss die Augen auf. Aber ich blickte nicht in unseren schattigen

Garten – ich starrte auf dasselbe Aquarell wie zuvor: unbewegte Pose im Sonnenlich

Spottender Triumph

Nun schlenderte der Rotbart vom anderen Teich zu mir hinüber. »Weißt du, warum du hier nichts fängst?« – »Die Hitze!« Er schüttelte den Kopf: »Dieser Teich wurde vor zwei Tagen abgelassen. Bis auf den letzten Tropfen. Und abgefischt. Bis auf die letzte Laube. Ich war dabei!« Er grinste triumphierend und ging.

Ich saß da wie der letzte Idiot, diesmal schwarz vor Ärger. Hätte ich nicht notieren können, wann der Teich abgelassen wird! Jetzt hatte ich mich bis auf die Knochen blamiert. Bestimmt würde meine Torheit am Anglerstammtisch die Runde machen.

Wütend kurbelte ich die Matchrute ein, steckte sie zusammen und wollte nach der Grundrute greifen. In diesem Moment schlug mein Bissanzeiger Alarm. Die Schnur wirbelte von der offenen Rolle. Ich packte die Rute und schlug an. Sie krümmte sich bis ins Handteil. Ich pumpte. Etwas hielt dagegen. Der Drill begann. Verwirrt sprangen die beiden Kollegen herbei. »Das ist ein Hänger!« rief der Schmächtige. Doch als er sah, dass die Rutenspitze geschüttelt wurde, stammelte er fassungslos: »Eigentlich müsste es doch ein Hänger sein ...« Wie war es möglich, dass in dem frisch abgefischten Teich ein Fisch ...? Der Rotbart schnappte den Kescher und ging in die Hocke. Allmählich gewann ich Schnur. Auf meiner Oberlippe kitzelten mich Schweißtropfen. Mein T-Shirt klebt feucht am Körper. Mein Gegenüber ließ sich regelrecht abschleppen. Meter für Meter.

Doch ein Hänger?

Dann saß ich fest. Es ging nicht vor und nicht zurück. Der Schmächtige witterte Morgenluft: »Doch ein Hänger!« Aber nachdem ich auf den Rutengriff geklopft hatte, war die Schnur plötzlich wieder frei. Ich spürte heftige Rucke, mein Gegenüber kam näher.

Schließlich tauchte der Fisch an der Oberfläche auf: ein Aal von über einem Meter! Der Rotbart hatte Mühe, ihn von hinten in den großen Karpfenkescher zu schaufeln. Begeistert beugte ich mich über das Netz. Der größte Aal meines Lebens!

Ratlos blickte der Schmächtige zum Rotbart hinauf: »Wo kommt bloß dieser Riesenaal her?« Der Bärtige rang um Luft und um ein Erklärung: »Ich habe mich gewundert, dass wir beim Abfischen kaum Aale hatten. Vor allem keine großen. Haben sich bestimmt im Schlamm verkrochen, als das Wasser weniger wurde. Und direkt nach dem Abfischen haben wir ja schon wieder gestaut.«

So kam ich zum Erstaunen meiner Liebsten ohne Sonnenstich nach Hause, dafür mit einem Meteraal im Rucksack und einem Wettgewinn von 100 Euro in der Brieftasche. Mein Gefühl, dass sich dieser Angeltag lohnen würde, hatte sich wieder einmal bestätigt.

*

Einer war schneller

Beim Angeln möchte ich der erste sein! Felswände bin ich hinab gekraxelt, über Bäume jongliert, durch Brombeerbüsche gerobbt, nur um meinen Köder in jungfräuliches Wasser zu werfen. Dann, wenn der Kapitale nicht wollte, habe ich mich umgeschaut: Astgabeln steckten in der Erde, Knicklicht-Packungen lagen am Boden, und oben im Baum winkte ein rostiger Spinner. Du kannst laufen, so weit du willst. Seil dich an Felswänden ab oder schlag dich mit der Machete durch den Dschungel. Wenn du schließlich am Ufer stehst, wirst du sehen: Einer war schneller! So, wie die Idee in deinen Kopf kam, ist sie schon in ein anderes Gehirn geschlichen. Mit der gleichen Hoffnung, mit der du dich zu dem Platz durchgeschlagen hast, ist schon ein anderer durchs Unterholz gestiefelt. Und mit der gleichen Enttäuschung im Gesicht trat auch er den Rückweg an.
Vor Jahren habe ich in einem Schwarzwald-Weiher einen Hecht von 21 Pfund gelandet. Ich war mir sicher: Gewässer-Rekord! Da hielt mir ein Opi das vergilbte Schwarz-Weiß-Foto seines 30-Pfünders unter die Nase: »Gefangen, bevor es dich gab!« Einer war immer schneller. Auch wenn Sie morgen einen Karpfen auf Pferdeapfel überlisten, einen Wels auf Bananenschale oder einen Hecht auf die Quietsche-Ente aus der Badewanne – irgendwer hat es irgendwo vor Ihnen vollbracht. Nehmen Sie's nicht tragisch, das hat auch sein Gutes: Ob Sie sich in einen Drilling setzen, aus dem Boot fallen oder mit einem Hechtkopf an der Hand ins Krankenhaus eilen: Sie sind nicht der Erste. Einer war immer schneller.

DER WEISSE HAI

Ein Hecht, fast so groß wie ein Hai. Und einer will ihn fangen – aber er kennt die Wahrheit nicht ...

Sein Hering war so lang wie eine Bratpfanne, mindestens. Genau der richtige Köder für den größten Hecht des Sees, den »Weißen Hai«, wie man ihn ehrfürchtig nannte. Noch einmal strich sein Zeigefinger prüfend über die Spitzen der 3/oer Drillinge. Er ließ seine 50er Schnur durch die Hände gleiten und zerrte an den Knoten. Alles hielt, er war gerüstet für den Kampf!

Sein Boot lag dort, wo der Weiße Hai zugeschlagen hatte, im Auslauf des Sees. Zwei Kollegen, Heinz und Günter, hatten ihm den Tipp gegeben. Heinz hatte erst eine ausgewachsene Ente gesehen, dann einen U-Boot-verdächtigen Schwall – und eben keine Ente mehr. Der Weiße Hai! Günter hatte das Monster sogar kurz dran, als es seinen Karpfen von 5-Pfund im Drill anfiel.

Und jetzt saß er, der Hechtjäger, dem sie seine Kapitalen immer neideten, auf den Fisch seines Lebens an. Seine Pose, eine rote Boje, dümpelte in der Mitte des Sees. Das Gaff lag griffbereit zu seiner Rechten.

Was würden Heinz und Günter, diese ewigen Neider, sagen, wenn er den Weißen Hai finge? Prompt tauchten die beiden am Ufer auf. Und hatten ihre Freude, als sie ihn sahen.

»Diese Pose!«, gluckste Heinz, »ein Fußball ist nichts dagegen!«

»Er hat alles geglaubt!«, jubilierte Günter.

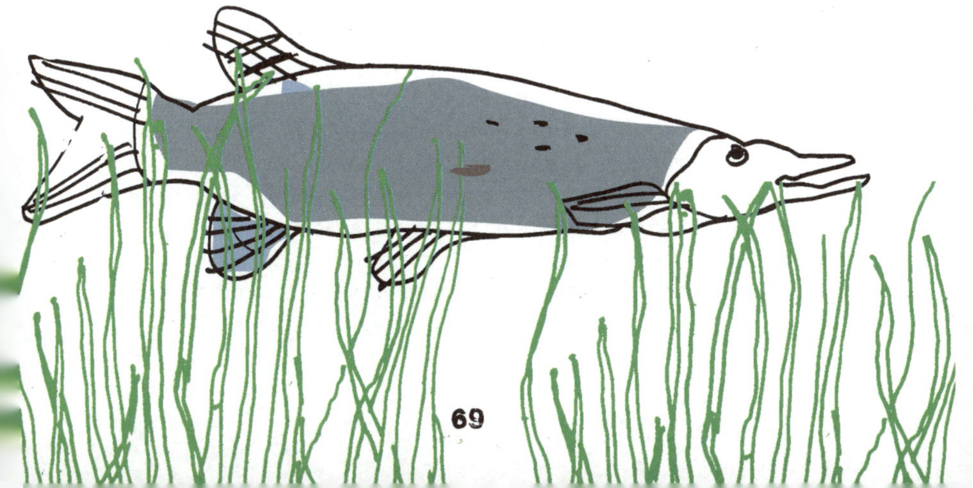

Er schämte sich

In den Schläfen des Hechtjägers pochte die Beschämung. Heinz und Günter riefen ihm noch etwas zu wie »Petri Heil! Hoffentlich geht deine Pose nicht unter. Sonst schwappt der See über die Ufer. Wasserverdrängung, du verstehst!« Dann verschwanden sie. Zwei Autotüren schlugen. Da saß er mit seiner Schande und malte sich aus, wie sie ihn als »Jäger des Weißen Hais« am Stammtisch verhöhnen würden.

Sein Knüppel von einer Rute, sein Abschleppseil von einer Schnur: All das kam ihm jetzt selber lächerlich vor. Er kurbelte ein. Der Posen-Ball rollte mit einer riesigen Bugwelle auf ihn zu. Da geschah es:

Mit einem Schlag zersplitterte der Wasserspiegel. Ihm war, als könnte er den Grund sehen, so offen lag der See.

Oder sah er nur in das Maul dieses Hechtes?

Die Welle einer kleinen Sturmflut klatschte gegen sein Boot, das Wasser schloss sich wieder. Er gab Schnur und konnte es nicht glauben. Wahrscheinlich waren Heinz und Günter auf die Idee mit dem Weißen Hai gekommen, weil ihnen jemand anders die Geschichte aufgetischt hatte. Und sie, die das ganze für ein Hirngespinst hielten, hatten den Ball an ihn weitergespielt.

Beim Anhieb bog sich seine Rute wie eine Jungtanne im Sturm. Er stemmte sich gegen den Hecht, drillte mit aller Kraft. Wieder und wieder zog der Fisch seine Runden um das Boot, immer im selben Radius, als wäre dort ein nicht zu durchdringender Bannkreis.

Abgerissen!

Dem Hechtjäger perlte Schweiß von der Stirn. Eine kleine Ewigkeit verging, ehe es ihm gelang, den Fisch ans Boot zu holen. Er ließ den Gaffhaken über dem Hecht schweben, holte aus – aber sein Schlag traf nur einen mächtigen Strudel; der Hecht war noch einmal abgetaucht. Und dann saß er fest! Der Anker, verdammt, der Anker! Er hatte ihn vergessen, jetzt war der Hecht ins Seil geschwommen. Da erschlaffte die Schnur. Der Hecht war weg. Abgerissen! Er sackte zusammen. Nie würden ihm Heinz und Günter diesen Drill glauben, niemals! Wenn er nur Beweise hätte, ein Foto, einen Zeugen.

Am nächsten Tag strahlte er mit dem Hecht, einem 45-Pfünder, von der Seite 1 der Lokalzeitung. Überschrift: »Hecht namens ‚Weißer Hai' gefangen«, Unterzeile: »Der Fänger dankt zwei Angelfreunden für den Tipp«.

Wie er den »Weißen Hai« gelandet hat, würden Heinz und Günter niemals erfahren: beim Liften des Ankerseils. Dort hatte sich der Hecht mit der abgerissenen Schnur festgesetzt. Gut, dass er so dick montiert hatte!

ALS ERICH NICHT ANSCHLUG

Viele Angel-Abenteuer beginnen mit dem Anhieb. Doch diesmal wurde es spannend, als Erich eben nicht anschlug.

Mein Angelplatz-Nachbar, der alte Erich, hatte seine Pose direkt neben meine geworfen. Nun zog er an seiner Zigarre, blies Rauchwölkchen in den Himmel und schaute überall hin, nur nicht aufs Wasser. Mit zwanzig Mann saßen wir um den kleinen Waldsee. Wie immer bei unseren Ausflü-

gen galt die Regel: Wer den ersten Fisch fängt, zahlt eine Runde. Diesmal hatten wir es auf Rotaugen und Schleien abgesehen.
Erichs Pose begann zu wandern. Ich schlug Alarm: »Erich: Biss«. Doch er regte sich nicht. »Biss!«, versuchte ich es noch einmal. Nun schaute er missmutig aufs Wasser. »Stimmt«, sagte er trocken. Seine rechte Hand hielt die Zigarre, seine linke lag auf dem Knie. Statt anzuschlagen, blies er weiter Rauchwölkchen in den Himmel.
Nun begriff ich, woher der Wind wehte! Der alte Geizkragen wollte nicht anschlagen, weil ihn der erste Fisch eine Runde kosten würde. Er hatte den Rollenbügel geöffnet, seine Pose wanderte in Richtung Seemitte, der Fisch hatte sich offenbar selbst gehakt.
Nun zuckte mein Waggler. Blitzschnell schnappte ich die Rute und war im Begriff, sie nach oben zu reißen. Doch halt! Warum sollte ich? Dann hätte ich die erste Runde zahlen müssen. Und das wäre doch zutiefst ungerecht, denn in Wirklichkeit hatte ja Erich ...

Gespenstisches Treiben
»Du hast tatsächlich einen Biss!« rief mein Nebenmann von der anderen Seite, als er mich zögern sah.
»Stimmt«, sagte ich trocken, öffnete den Bügel und legte die Rute zur Seite. Dann erklärte ich, warum ich den Anhieb verweigerte. Mein Nachbar sog die Geschichte auf, reckte seinen Hals wiederum zu seinem Nachbar und erzählte sie weiter. So sah ich, wie die Botschaft über den alten Erich, der nicht anschlagen wollte, in Windeseile von Sitzkiepe zu Sitzkiepe um den See lief.
Nun begann ein gespenstisches Treiben. Immer mehr Posen kamen in Fahrt. Sie gingen unter, wanderten zur Seite, legten sich flach. Doch nirgendwo pfiff eine Rute nach oben, alle rissen sich zusammen. Jeder dachte: Warum soll ausgerechnet ich?
Einige Kollegen hatten Glück. Die Fische fraßen den Köder ab, die Posen lagen wieder still. Die anderen dagegen, bei denen sich Fische gehakt hatten, saßen auf ihren Sitzkiepen wie auf Folterstühlen.
Probieren Sie mal, bei einem Biss nicht anzuschlagen! Und zwar nicht nur für Sekunden, sondern über Minuten. Dann wissen Sie, was ich meine! Alle quälten wir uns, weil wir trotzig dachten: Erich hatte als erster einen Biss, also musste er auch als Erster den Fisch einholen!

Schleie im Fieber
Meine Pose wanderte provokant langsam an der Schilfkante entlang. Wie im Fieber malte ich mir eine immer größere Schleie aus, die meinen Mais zwischen ihren wulstigen Lippen trug. Alles, was mich von ihr trennte, war ein Anhieb. Und was tat ich? Ich schaute nach rechts auf Erichs Pose.

Natürlich hatte der alte Geizkragen sie selbst aus Kork gebastelt, eigentlich zu groß für Weißfische.
So wurde sie immer wieder nur kurz nach unten gezogen und ploppte zurück an die Oberfläche.
Da explodierte das Wasser. Wo eben noch Erichs Pose stand, blieb ein mächtiger Strudel. Die Schnur sauste in Richtung Seemitte. Erich stand da mit offenem Mund. Offenbar hatte sich ein großer Raubfisch auf den gehakten Weißfisch gestürzt. Erich sah nicht mehr nach links und nicht mehr nach rechts. Er vergaß alles um sich, starrte nur noch auf die Seemitte, wohin seine Schnur lief. Schließlich hob er die Rute an, ganz vorsichtig, wegen der dünnen Schnur.
Es begann ein Drill, wie ihn dieser See noch nicht gesehen hatte. Die 20er Schnur pfiff von der Rolle, die Rute peitschte nach vorn, Erich ging in die Knie. Ein Hecht von bestimmt 20 Pfund wühlte das schlammige Wasser auf, als wäre der Stöpsel zu einer Ölquelle gezogen worden.

Im Winkel gehakt

Niemals würde Erichs dünnes Vorfach halten! Niemals würde er diesen Fisch fangen! Und trotzdem, wir fieberten mit. Ich kurbelte meine Rute ein, damit die Bahn frei war. Er führte den Fisch wie an der Hundeleine, lief mit ihm von einem Ende des Sees zum anderen.
Und dann, nach fast einer Stunde, gelang ihm das Unmögliche: Er führte den Riesenhecht in den Kescher! Der 14er Haken saß perfekt im Maulwinkel, offenbar hatte er sich aus der Lippe des Weißfisches gelöst und dann beim Hecht gefasst.
Wir scharten uns um den Fisch. Es war ein prächtiger Hecht, 1,22 Meter, moosgrün mit pechschwarzen Flossen. »Jetzt hast du doch den ersten Fisch gefangen und schuldest uns eine Runde!« sagte ich.
»Gar nicht wahr!« antwortete Erich.
»Doch!« schmetterten 19 Münder einstimmig zurück.
»Eben nicht!« knurrte er.
Ein Murmeln hob an, irgendwer zischte »Geizkragen«.
Da zeigte Erich auf eine Pfütze am Ufer, neben die ich meine Rute geworfen hatte. »Und was ist das?« Zwanzig Augenpaar blickten auf eine kleine Rotfeder, die dort bislang unbemerkt zappelte. Mein Goldhaken saß noch in ihrem Maul. Im Hechtfieber hatte ich den Fisch beim Einkurbeln gar nicht wahrgenommen. Erich grinste. Aber als er in unsere finsteren Gesichter blickte, zog er es vor, die Runde murrend zu bezahlen. Beim nächsten Ausflug würde er sicher ohne Köder angeln. Bis ein anderer den ersten Fisch gefangen hätte.

DIE BUGWELLE DES MONSTERS

Plötzlich tauchte hinter dem Hechtköder eine Bugwelle auf, die Anlass zu kapitalsten Hoffnungen gab. Und das in einem flachen Seerosenteich.

Es geschah an einem lauen Abend im Herbst. Mein Boot lag auf dem kleinen Seerosenteich, wie hundert Mal zuvor. Wieder angelte ich mit toten Köderfischen am System. Wieder fing ich Hechte. Und wieder waren es keine Riesen, nur Fische bis 60 Zentimeter. Wie hundert Mal zuvor. Gerade tauchte die Sonne hinter den Tannen ab. Der Wind schlief ein, das Wasser spannte sich wie ein blaues Tischtuch über den See. Von irgendwo rief ein Kuckuck. Und ich hatte zum zehnten Mal beschlossen: »Noch einen Wurf, dann packst du ein!« Und wie die zehn Male zuvor, angelte ich einfach weiter. Ich wollte nicht vom Teich rudern, bevor ich einen maßigen Hecht hatte. Also warf ich meinen Köderfisch noch einmal aus, ließ ihn ein Stück sinken und hob die Rute mit einem Ruck an. Ein kleiner Schwall zeigte mir, dass der Fisch in dem flachen Wasser bis zur Oberfläche geschossen war. Ich kurbelte langsam weiter.
Bitte fragen Sie mich nicht, was mich immer wieder auf diesen kleinen, flachen Seerosenteich in Mecklenburg zog. Die Kollegen spotteten schon, wenn sie mich vom Hauptsee abbiegen sahen:
»Na, geht's heute wieder in die Kinderstube?«

Fatamorgana?

Da geschah es, während ich einholte; fast hätte ich es für eine Fatamorgana gehalten: Hinter meinem Köder tauchte eine Bugwelle auf, wie ich sie noch nie gesehen hatte. Eine Bugwelle, als ob man einen Baumstamm durchs Wasser schiebt! Mein Herz hämmerte los, dass ich dachte, mein Brustkorb explodiert. Meine Hände krampften sich um den Rutengriff, als fürchteten sie, gleich würde ihnen die Rute entrissen. Und meine Augen liefen nur deshalb nicht über, weil sie diese Bugwelle, die so gigantisch durch das flache Wasser pflügte, nicht eine Sekunde aus dem Blick verlieren wollten.
Ich weiß nicht, wie das möglich ist, aber in solchen Sekundenbruchteilen überschwemmen unzählige Gedanken meinen Kopf. Das musste ein Hecht sein, dachte ich sofort. Aber keiner, wie ich ihn hier sonst fange, von 50 bis 70 Zentimetern. Nein, das musste ein richtig Kapitaler sein. Und »richtig« hieß nicht 10, nicht 20, nicht 30 Pfund – es hieß mehr, deutlich mehr! Mein Kescher! Wäre er groß genug? Zwar verwende ich das Modell »Großfisch«, 80 Zentimeter Bügelweite. Aber ob das reichen würde für

diesen Giganten, der auf mein Boot zuschoss, als käme eine Unterwasser-Rakete gerast?

Überragender Hecht

Wenn ja, würde der BLINKER mein Foto sicher auf dem Titelblatt bringen. Das heißt, wenn ich diesen Hecht senkrecht hielte, sodass sein Schwanz mit meinen Fußspitzen endete, würde von mir nichts mehr zu sehen sein. Es sei denn, ich stellte mich auf die Zehenspitzen, um wenigstens mit meinem Gesicht über den Kopf des Hechtes hinauszuragen.
Halt! Was dachte ich da für einen Unfug?! Ich tat ja so, als hätte ich den Hecht schon gefangen. Dabei hatte ich nur eine 16er Geflochtene montiert, den dünnen Faden eines Spinnennetzes. Gleich würde ein Monster daran zerren. Und überall lauerten Seerosen. Völlig ungewiss, ob ich diesen Fisch je bekäme! Und während ich all das dachte, rollte die Bugwelle weiter auf mein Boot zu. Sie rollte in einer Art, wie es sich nur königliche Fische leisten können, nicht schnell und gehetzt, sondern mit einer gleichmäßigen Langsamkeit. Hier näherte sich ein Räuber, der sich seiner Sache sicher war. Ein Räuber, der sein Opfer kriegen würde, ohne dabei in unwürdige Hetze zu verfallen.
Nach dem Biss durfte ich keine Sekunde warten! Dieser Hecht brauchte sein Maul, diese Scheuneneinfahrt, nur zu öffnen, dann wäre mein 50 Zentimeter langes Stahlvorfach schon eingeatmet. Nicht einmal anschlagen durfte ich, denn dieser Zusammenprall der Kräfte hätte die Schnur gesprengt. Stattdessen wollte ich ihn einfach gegen die Rute laufen lassen.

Boot im Schlepp

Wahrscheinlich würde er gar nicht merken, dass er gehakt war. Wahrscheinlich würde er unter Wasser weiterziehen, als wäre nichts geschehen, während oben die Rollenbremse in den Abend heulte, der Schweiß aus allen Poren meines Körpers schoss und mein Ruderboot über den Teich gerissen wurde wie der Surfer im Schlepp eines Motorboots.
Der Köderfisch war jetzt nur noch zwei Rutenlängen von meinem Boot entfernt. Mit all meinen Gedanken, mit all meinen Fasern, Sehnen und Muskeln fieberte ich dem 100 000-Volt-Biss entgegen, dem gigantischen Schlag in der Rute. Aber der mächtige Hecht machte es spannend – so spannend, dass ich um meine Bordwand zitterte. Was, wenn er in seiner Raubgier das Boot übersah? Der harte Schädel mit dem Entenschnabel wäre bestens dazu geeignet, ein Loch ins Holz ...
Und dann, als mein innerer Countdown abgezählt war, als es einfach passieren musste, da passierte auch etwas – aber nicht das, was ich erwartet hatte: Die gigantische Bugwelle rollte einfach weiter. Sie ließ mein Boot links liegen und rollte weiter. Sie drehte nicht ab, sie löste sich

nicht auf, sie pflügte einfach in die nächste Bucht. Zitternd und fassungslos stand ich da. Jetzt war ich nur noch Zeuge eines Schauspiels. Die Bugwelle näherte sich dem Ufer. Und kurz, bevor sie es erreicht hatte, klatschte es an der Oberfläche. Es schien mir, als hätte der Hecht vorm Abtauchen mit dem Schwanz gepeitscht, um mich noch einmal zu grüßen. Tatsächlich schob er sich nach unten in den Schlamm. Eine schwarze

Wolke quoll an die Oberfläche. Und dann kam er zurück an die Oberfläche, der Gigant. Er kam zurück und – halten Sie sich fest! – er schob seinen Kopf aus dem Wasser und schaute mich an. Ein Tier von weit über 50 Pfund! In mir rangen Überraschung und Enttäuschung: Der Gigant hatte keine Schuppen, sondern ein Fell – es war ein Biber!

DER BESOFFENE KÖDER

Die Idee kam ihm im Traum. Er machte sie wahr. Und auf einmal wurden die sonst so vorsichtigen Karpfen völlig hemmungslos.

Seit Wochen hingen meine Kletteraffen wie erdolcht an den Stangen. Meine Bissanzeiger standen tonlos in der Landschaft. Und eher hätte ich an einen Kometeneinschlag geglaubt, als dass sich noch ein Karpfen an der Oberfläche rollt.

»Kein Schwanz mehr drin in dem See«, sagten die Vereinskollegen. Aber ich gab nicht auf. Wechselte von einem Platz zum andern. Kürzte und färbte mein Haarvorfach. Erzielte beim Wurf einen Helikopter-Effekt, der sicher für den Pilotenschein gereicht hätte. Und trotzdem: Die Karpfen rührten meine Boilies nicht mehr an.

Eines Nachts, wieder nach erfolglosem Angeln, sah ich mich im Traum beim Boiliemachen. Ich kippte das Fertigfutter für meinen Kanarienvogel zu der Proteinmischung, formte die Kugeln und kochte sie – aber nicht in Wasser, sondern in Rum! Es roch nach Kindheit, Plätzchen und Weihnachten. Der Traum ließ mich am nächsten Tag nicht los. Vogelfutter und Rum – war das die Lösung? Würde ich so aus der Beißflaute segeln können?

Reine Schnapspralinen

Ich wollte es wissen. Schwaden zogen durch meine Wohnung. Der hungrige Kanarienvogel flatterte aufgeregt von einer Ecke des Käfigs zur anderen. Ich roch an den fertigen Boilies. Uff! Das waren ja die reinsten Schnapspralinen. Rumkugeln – ja, so würde ich meine Spezialboilies nennen! 150 Rum-Kugeln prasselten in den See, meine beiden Köder hinterher. Mit einer Zuversicht, die kaum zu begründen war, harrte ich der Bisse, die da kommen sollten. Und sie kamen tatsächlich! Als hätte ihn ein Stromschlag getroffen, zuckte der Kletteraffe meiner rechten Rute nach oben, der Bissanzeiger sang, und ich schlug an. Was für ein Gefühl, nach all den erfolglosen Angeltagen! Die Rute bog sich, wenn auch bescheiden, und ein 4-Pfünder glitt in den Kescher. Ich schaffte es nicht, die erste Rute wieder auszuwerfen, da sauste an der anderen bereits die Schnur ab. Wieder ein Portionskarpfen, aber immerhin! Ich fing einen Fisch nach dem anderen. Beim siebten oder achten hörte ich mit dem Zählen auf. Mein Traum war also doch ein Fingerzeig von Petrus gewesen! Und weil ich das Zeichen richtig gedeutet und Rum-Kugeln produziert hatte, folgte nach langer Entbehrung nun die Belohnung.

Verrückte Karpfen

Und es biss nicht nur wie verrückt, die Karpfen tauchten auch zahlreich auf. Sie rollten sich an der Oberfläche, zogen in Trupps am Ufer vorbei. Und einige Fische, die offenbar unter Gleichgewichtsstörungen litten, torkelten an der Oberfläche, lagen kurz auf der Seite, um dann wieder unter Zuckungen in der Tiefe zu verschwinden. Man hätte meinen können, die Karpfen wären besoffen! Besoffen? Ich stutzte. Ob die Rum-Kugeln ... Aber das war doch Blödsinn! Noch nie hatte ich von betrunkenen Fischen gehört. Obwohl: Gab es nicht einen bekannten Tierfilm, in dem sogar Elefanten nach dem Genuss von gegorenem Obst durch die Steppe taumelten? Und warum sollten ausgerechnet Fische, nur weil sie Wassertiere waren, immun gegen Alkohol sein? Immerhin hatte ich einen ganzen Liter Rum investiert. Je mehr Bisse ich bekam, je mehr Karpfen ich vor meinen Füßen taumeln sah, desto sicherer war ich: Meine Rum-Kugeln

hatten die Karpfen betrunken gemacht! Hemmungslos bissen sie nun – sie, die all die Wochen zuvor nicht ein einziges Mal am Boilie genippt oder sich an der Oberfläche gezeigt hatten. Der Alkohol hatte ihnen die Vorsicht geraubt.

Wurm mit Wodka

In Gedanken sah ich mich mit einer Spritze, wie ich tote Köderfische mit Whiskey aufpumpte und die taumelnden Hechte fing; wie ich dicke Tauwürmer mit Wodka füllte und all die noch schlangenlinien-förmiger als sonst schwimmenden Aale in meinen großen Eimer lotste.

Da schlurfte mir ein grauhaariger Kollege mit Futteral und Kiste entgegen, der offenbar am anderen Seeufer geangelt hatte. »Die beißen heute wie besoffen«, sagte der Alte.

»Sogar dort drüben«, dachte ich, »hätte nicht gedacht, dass meine Karpfen so weit geschwommen sind – in ihrem Zustand.«

»Ist auch kein Wunder«, sagte der Alte und deutete auf das Wasser, wo gerade ein Karpfen an der Oberfläche vorüber torkelte. »Das kommt davon, wenn man so was da reinwirft.« Ich zuckte zusammen. Meinte der Opi meine Rum-Kugeln? Hatte er mich beim Anfüttern beobachtet und jetzt, aufgrund des Rum-Geruchs an meinem Angelplatz, einen hochprozentigen Verdacht geschöpft?

Der Alte fuhr fort: »Für frische Karpfen sind die Fische wirklich in schlechtem Zustand. Und total ausgehungert.«

»Frische Karpfen?« fragte ich.

»Ja«, sagt der Alte, »heute Nachmittag wurde besetzt. Darum geht's hier wie in der Fischzucht zu!«

*

ZWEI FEINDE IN EINEM BOOT

Zwei Fremde, zwei Angelarten und nur ein Ruderboot – das bedeutet Ärger!

Als ich morgens an unseren Vereinssteg trat, lag dort nur noch ein Boot. Ich montierte meinen Hechtblinker, stieß mich vom Steg ab, und bald trug mich der erste Morgenwind an der Schilfkante entlang. Ich war schon etliche hundert Meter getrieben, da vernahm ich einen energischen Pfiff. Auf dem Steg stand ein älterer Herr mit Silberlocke, der hinter einem riesigen Futteral kaum zu sehen war. Aufgeregt winkte er mich heran. Ich musste ihn an Bord nehmen, weil kein weiteres Boot zur Verfügung stand und die Vereinssatzung es für diesen Fall so wollte. Anstelle einer Begrüßung stieß er sein Futteral ins Boot, als wäre es eine Lanze, um mich von der Ruderbank ins Wasser zu stoßen. Eine Kiste polterte hinterher, ein Eimer, ein Klappstuhl und schließlich er.
»Ablegen und rudern!« befahl er wie ein Entführer. Und ich, seine Geisel, folgte der Anweisung. »Wir angeln auf Karpfen«, kommandierte er weiter. »Legen Sie dort hinten am Schilf an. Wird's bald!«
»Ich wollte aber auf Hecht ...«
»Wollte, wollte«, höhnte er, »jetzt habe ich das Kommando. Ich bin der Ältere. 51 Jahre im Verein, goldene Anstecknadel!« Er hämmerte stolz auf seine Brust.

Herr Goldnadel
Hatte es Zweck, mit ihm zu streiten? Ja! Die Karpfen würde ich ihm gründlich versalzen. Aber vorerst sollte Herr Goldnadel an seinen Karpfenplatz gerudert werden. Habe ich schon erwähnt, dass es für mich nichts Langweiligeres als Karpfen gibt? Das sind fette Bodenstaubsauger, die täglich den Grund säubern, unseren Teich vor der Verlandung bewahren und ansonsten so langweilig wie Heringe in der Dose sind. Auch im Drill werden sie völlig überschätzt: Man muss schon den Bügel aufreißen, um sich einzureden, sie nähmen überhaupt Schnur!
Er sagte ins Schweigen: »Es gibt für mich nichts Langweiligeres als Hechte. Das sind fette Aasfresser, die täglich den Grund säubern und unseren Teich so vor der Verlandung ...« Den Rest kannte ich. Der Kerl wurde mir unheimlich!
Wir ankerten vor der Schilfkante. Er fütterte an und legte zwei Ruten mit gekochten Kartoffeln aus. Ich gab mir alle Mühe, durch kurze Gewaltwürfe mit meinem Wobbler die Karpfen auf seinem Platz zu erschlagen. Er schimpfte. Ich schimpfte. Wir schimpften. Die Fische rührten sich nicht.

Über eine Stunde lang.
Gerade wollte er seine Rute einholen, gerade hatte ich meinen Blinker ausgeworfen, als sich gleichzeitig unsere Ruten bogen.
»Karpfen!« rief er.
»Hecht!«, rief ich.
Die Ruten verneigten sich wie zwei Asiaten bei der Begrüßung, nur dass dieses Ritual gar kein Ende nahm.
»Schauen Sie nur, meine Rute!« prahlte er. »Dagegen ist Ihr Hecht die letzte Laube!«
»Hören Sie meine Rollenbremse nicht?« fragte ich zurück. »Um so abzuziehen, müsste Ihr Karpfen fünf Jahre ins Fitnessstudio!«

»Kescher, aber schnell!«
Mein Fisch stürmte auf die Schilfkante zu. Nur mit Mühe konnte ich ihn bremsen. Nebenbei schielte ich zu Herrn Goldnadel. Sein Karpfen schlug sich tapfer – ich meine dafür, dass es nur ein Karpfen war! Oder hatte er nur eine viel zu weiche Rute gewählt? Schließlich zischte er:
»Kescher! Aber schnell!«
»Brauche ich selber!«
»Für Ihr schwaches Hechtlein? Gibt sicher schon auf!«
»Gar nicht wahr!«, log ich. Mein Fisch war reif zur Landung. Seiner auch. Da wir uns über den Kescher nicht einigen konnten, griffen wir beide zur Handlandung. Er am Bug, ich am Heck, Rücken an Rücken.
»Um Himmels Willen!« stöhnte er, während es klatschte. Und ich stieß ein überraschtes »Oh Gott!« aus. Zwei Arterienklemmen klackten. Als wir uns einander zuwandten, schwammen die Fische wieder. Ich schnippte die Goldtaler-große Schuppe eines 20-Pfünders von meinem Ärmel. Und er wickelte ein Taschentuch um seinen von Zähnen angeratschten Finger und murmelte etwas von einem »Meterfisch«. Was die Köder jeweils gefangen hatten – seine Kartoffel beim Einholen, mein Blinker beim Anrucken – machte uns sprachlos. Zugegeben hätte es keiner von uns.

*

DIE BANDE AUF DER BRÜCKE

Er war schon fast zu Hause, als er drei Jungs beim Angeln traf. Und dann kam es, wie es kommen musste.

Eigentlich waren es nicht drei Jungs, die auf der Schleusenbrücke angelten. Und eigentlich waren es genau drei Jungs. Das heißt, es waren nicht drei einzelne Jungs; sie waren zur Bande zusammen geschweißt, zu einer Lausbuben-Einheit, wie sie alle Kinder dieser Erde bilden, wenn sie gemeinsam etwas Verbotenes tun. Es war also eine Bande, bestehend aus drei Jungs. Sie reckten ihre Hälse über die Mauer der Schleusenbrücke, ich sah sie schon von weitem. Mit großen Schritten war ich auf dem Weg zu meiner Liebsten. Noch zwei Minuten, und ich wäre da. Auf der Brücke blieb ich stehen. Am liebsten hätte ich gar nichts gesagt, nur geschaut. Aber die Augen der Bande ließen mich nicht los. In unserer Stadt ist es verboten, von Brücken zu angeln. Offenbar erwarteten die Jungs, ich würde gleich meinen Zeigefinger erheben. Stattdessen fragte ich: »Schon was gefangen?« In meinem Ton schwang die Entwarnung mit. Die Jungs erkannten mich als Angelbegeisterten; als einen, der wusste, dass sich mit Faden, Wurm und Haken alles Glück dieser Erde einfangen lässt.

Immer was gefangen

Natürlich hatten die Jungs schon was gefangen. Jungs haben immer was gefangen. Wenn nicht, dann fast. Und wenn fast, dann doch. Den Fehlbetrag zwischen Wunsch und Wirklichkeit begleicht die Fantasie. Die Jungs blickten hinab in die Tiefe, zu ihren Posen auf dem Wasser.

Aber gleichzeitig behielten sie ihren Feind im Auge. Sie zeigten ihn mir.

Es war eine Kamera am Schleusenbau gegenüber, die automatisch wie in Zeitlupe von links nach rechts schwenkte und ihr böses Auge immer wieder auf die Brücke richtete.

Jedes Mal, wenn die Jungs meinten, sie seien gleich wieder im Bild, bückten sie sich unter die steinerne Brüstung der Schleusenbrücke, lugten wie die Murmeltiere hervor und kamen erst dann wieder ans Licht, wenn sich das Auge der Kamera von ihnen abgewandt hatte.

Als sie jetzt wieder nach unten blickten, überschlugen sich ihre Stimmen. Vier große Alande waren an der Oberfläche aufgetaucht. Mit provokanter Gemütlichkeit kreisten sie zwischen den Posen. Der größte Fisch ließ sich schließlich ein wenig absinken, direkt vor eine schneeweiße Brotflocke. Wir sahen, wie sein Maul sich wölbte – und weg war der Köder!

Eine Rute sauste nach oben, das Geschrei auf der Brücke war groß: An der Oberfläche peitschte ein Aland von drei, vier Pfund mit seinem Schwanz das Wasser schaumig. Der Junge gab keinen Zentimeter nach, hielt die Rute mit zittrigen Armen über seinen Kopf.

Fahrstuhl aufwärts

Aber noch lagen vier Meter zwischen ihm und dem Aland – vier Meter, die plötzlich wie ein Abgrund schienen. Wie den Fisch auf die Brücke holen? Die alte Teleskoprute ächzte, die Jungs sahen sich fragend an. Schließlich griff einer beherzt mit beiden Händen in die dicke Schnur, als wäre sie das Drahtseil eines Aufzugs. Der Aland fuhr gleichmäßig aufwärts: erster Stock, zweiter Stock, dritter Stock – gelandet!
Und in irgendeiner Behörde wurde ein hartes Beamtenherz weich, als es auf dem Videobildschirm sah, wie drei kleine Gestalten und eine große im Freudentanz um einen Fisch hüpften und sich gegenseitig die Handflächen schlugen. Jedenfalls rückte die Polizei nicht aus, trotz eindeutiger Beweislage!
Die Jungs ließen ihre Köder wieder hinab. Vier Köpfe beugten sich über die Mauer. Die Welt lag uns zu Füßen, reichte von Posenspitze zu Posenspitze. So angelten wir. Und angelten. Und angelten. Die Zeit, den Heimweg, meine Verabredung: Das alles hatte ich längst vergessen!
Auf einmal, als ich aufsah – nach Minuten, nach Stunden, ich weiß es nicht! –, erblickte ich meine Liebste. Besorgt, wo ich wohl bliebe, war sie mir entgegen gelaufen. Nun saß sie lächelnd auf einer Bank neben der Schleusenbrücke. Still vergnügt, gleich einer stolzen Mutter, sah sie uns beim Angeln zu – uns, den vier Jungs auf der Brücke. Nicht vier einzelnen Jungs – einer Bande!

*

GESTATTEN, MEIN ANGELFREUND!

Ich weiß nicht, wen Sie zum Angelfreund haben, aber meiner ist ein Geschenk des Himmels!

Noch nie hat er die Todsünde begangen, an der die meisten Angelfreundschaften zerbrechen, also mehr gefangen als ich. Unsere Fänge halten sich immer die Waage. Überliste ich einen Karpfen mit 24 Pfund, drillt er einen mit 12 Kilo aus. Wenn mein Hecht des Tages 98,5 Zentimeter lang ist, fehlen seinem 1,5 Zentimeter zu einem Meter. Sogar die Anzahl der Köderfische, die wir auf der Senke haben, hat sich noch nie merklich unterschieden. Seit fast über 30 Jahren sind wir am Wasser ein Gespann. Darauf bin ich stolz, gerade heute, da Angelfreundschaften oft nicht länger halten als eine 10er Schnur beim Wallerdrill! Trennungsgründe gibt es wie Lauben an der Oberfläche, auch über den Fangneid hinaus: Mal zieht einer den Strandurlaub mit einem blonden Goldfisch von 120 Pfund der verabredeten Tour zum 120 Kilo Waller vor. Mal bläst sich einer zum Angellehrer auf und meint, bei jedem Wurf Nachhilfe geben zu müssen. Mal kann einer die Klappe nicht halten, redet mit seinem Ehekrieg jedes Morgenrot vom Himmel oder erzählt die letzten 150 Folgen der »Lindenstraße« nach.
Im schlimmsten Fall fühlt sich der Angelfreund berufen, Ihre Drills wie ein Fußballreporter zu kommentieren: »Wurf nach halblinks in den freien Raum. Dort steht, dort steht« – seine Lautstärke steigert sich – »ja, dort steht ein Hecht! Nimmt die Vorlage an. Volley aus der Luft! Jetzt zieht er am Schilfflügel davon. Was für ein Spurt! Und springt! Sprungduell, jawohl! Aber da – vorbei! Vorbei! Abpfiff! Abriss!« Wahrscheinlich haben Sie die Schnur freiwillig durchgeschnitten und sich dazu entschlossen, Ihrem Angelfreund mit einem dreiteiligen Wobbler das Maul zu stopfen, damit er es nie mehr auf bekommt. Mein Angelfreund dagegen versetzt mich nie, hält den ganzen Tag die Klappe, findet meine Montagen genial und hat mir noch jeden Fisch gegönnt. Sein einziger Nachteil: Nie werde ich mehr fangen als er. Das liegt in der Natur der Sache: Mein Angelfreund bin ich selbst!

*

DER RACHEENGEL

Es gab einen Motivationstrainer, der hat die Leute über Scherben laufen lassen. Mittlerweile sitzt er im Gefängnis.

Und dort könnte ich auch landen, obwohl ich auf dem Feld der Motivation nur eines bewegen will: die Fische zum Biss! Aber vor dem Angeln steht das Montieren. Diesen Vorgang zelebriere ich genüsslich in unserem Wohnzimmer. Ich setze mich auf den Teppich, drei offene Kisten stehen um mich herum. Schnur raschelt, Bleischrote klappern, die Schere macht schnipp-schnapp. Meine bessere Hälfte sagt, in solchen Momenten würde ich wie ein großer Junge aussehen. Seit die Haare auf meinem Kopf so zählbar wie die Schuppen eines Spiegelkarpfens geworden sind, sehe ich das als Kompliment. Aber oft hat die Sache einen Haken, wenn auch nachträglich. Das Unglück kündigt sich mit einem Donnergrollen an, meist höre ich es aus meinem Arbeitszimmer: »Autsch! Das kann doch nicht wahr sein! Schon wieder!« Sekunden später steht sie vor mir, ein Racheengel mit ausgestreckter Hand, in der etwas glitzert. »Was, bitteschön, ist das?« – Ich schlucke. »Ein Drilling, würde ich sagen. Etwa Größe 6.«
»Und weißt du, wo er lag?« Ich ziehe die Schultern so weit nach oben, als wäre ich eine Schildkröte, die ihren Kopf in Sicherheit bringen will.
»Auf dem Teppich lag er!«
»Schatz, das tut mir ...«
»Das tut dir leid, ich weiß.«
»Es wird nie wieder vorkommen!«
»Wie oft hast du das schon gesagt!«
Manchmal hält sie mir den Staubsauger unter die Nase. Immer ragen Schnurreste aus seinem Schlund, als würde es sich um einen abgerissenen Hecht handeln. Und beim Saugen klappert es verdächtig in seinem Rohr, wenn er sich wieder Bleischrote einverleibt. Neulich war er mit einem Hechtdrilling der Größe 1 verstopft. Natürlich könnte ich Ihnen jetzt erzählen, dass ich immer nach dem Montieren über den Boden robbe, um bloß kein Kleinteil liegen zu lassen. Das wäre sogar wahr – aber was nützt es?
Der Boden unserer Wohnung ist ein heißes Pflaster. Ich bekenne mich schuldig. Und alle Motivationstrainer, die auf den Scherben ihrer Existenz sitzen, genießen meine volle Sympathie!

DER FINSTERE KOLLEGE

Der Kollege grüßte nicht zurück. Ein Stoffel in der Nacht! Und doch musste er ihn in der Not um Hilfe bitten.

Sein rotes Knicklicht sah ich schon von weitem. Ich war spät dran zum Aalangeln, die Dunkelheit lag bereits auf dem See. Zwanzig Meter rechts neben mir stand seine Pose. »Petri Heil!« grüßte ich gedämpft. Keine Antwort. »Petri Heil!« schmetterte ich lauter. Keine Antwort. »Schon was gefangen?« Wieder keine Antwort.

Dann eben nicht! Arroganter Kerl! Wütend rammte ich meinen Rutenhalter in die Erde und pfefferte meine beiden Birnenbleie in den See, eines mit Wurm, eines mit Köderfisch. Ich ließ mich in den Klappstuhl fallen.

Es war eine mondlose Nacht. Die Sterne funkelten, die Grillen zirpten so regelmäßig, dass ich sie schon bald nicht mehr hörte. Eigentlich eine Nacht zum Entspannen. Doch immer, wenn ich das rote Knicklicht sah, musste ich an den unfreundlichen Stoffel denken. Allein seine Nähe zog meine Laune nach unten wie der Faulschlamm ein Grundblei.

Die Schnur wirbelt

Plötzlich lief die Schnur an meiner Köderfisch-Rute. In großen Klängen wirbelte sie von der Rolle, mehr und mehr. Der Spulenkern leerte sich. Ich schlug an. Es kam mir vor, als hätte ich einen Intercity bei voller Fahrt gehakt. Die Rute peitschte nach vorne, die Rolle kreischte heiser.

Mit aller Kraft stemmte ich mich gegen meinen übermächtigen Gegner. Ich zog, zerrte und pumpte. 15 Minuten lang. Schließlich hatte ich den Intercity gebremst und die Weichen zur Landung gestellt. Meine linke Hand tastete nach dem Kescher. Dem Kescher? Mit Schrecken fiel mir ein: Der lag noch im Kofferraum!

Was nun? Ich sah das rote Knicklicht auf dem Wasser, warf meinen Stolz über Bord und rief nach rechts: »Entschuldigen Sie, ich brauche Ihre Hilfe! Ich habe einen großen Fisch gehakt, aber mir fehlt der Kescher. Können Sie aushelfen?«

Meine Stimme klang, als hätte ich einen ganzen Kreidefelsen gefressen. Ein paar Momente blieb es still. Keine Antwort. Ich lauschte, ob ich wenigstens einen Telekopkescher würde aufklappen und Schritte auf mich zueilen hören. Keine Bewegung. »Verdammt!« schrie ich so laut, dass raschelnd ein paar Vögel aus den Birken flatterten. »Entweder, Sie helfen mir jetzt. Oder Sie sind kein Angelkollege – sondern ein egoistischer Affe!«

Keine Antwort! Mein Bauch war geladen wie ein Pulverfass. Ich ließ meine Wut an dem Fisch aus. So, als wäre er der arrogante Stoffel neben mir, packte ich den großen Wels im Maul und schleifte ihn mit Schwung ans Ufer.

Sollte er doch verfaulen!
Ein Riesenfisch! Ich maß ihn im Schein der Taschenlampe: 1,70 Meter! Der Kerl rechts von mir saß unbewegt in der Nacht, als ginge ihn mein Fang nichts an. »Ein Riesen-Wels«, brüllte ich, »dein Kescher wäre viel zu klein gewesen. Der reicht höchstens für deine Glasaale!« So, jetzt hatte ich es ihm aber gegeben! Sollte er doch am Ufer verfaulen, bis die Fledermäuse in seinem Haar nisteten! Mit fliegenden Händen packte ich meine sieben Sachen und meinen einen Wels. Dann klingelte ich Mario, meinen Angelkumpel, aus dem Bett. Der staunte Bauklötze, als ich ihm den Wels auf seinen Küchentisch legte. Kopf und Schwanz hingen an den Tischenden fast bis zum Fußboden runter.
»Mist!« schimpfte er. »Ich hätte doch am Wasser bleiben sollen!«
»Am Wasser?«
»Ja, ich habe bis in die Dämmerung geangelt. Ein paar Meter rechts von deinem Platz. Aber dann habe ich abgerissen. Und war zu faul, neu zu montieren.«
»Mit welcher Montage hast du geangelt?« fragte ich zögernd.
»Pose mit rotem Knicklicht«, sagte er.
Mir stieg eine Farbe ins Gesicht, die es mit dem Knicklicht locker hätte aufnehmen können.

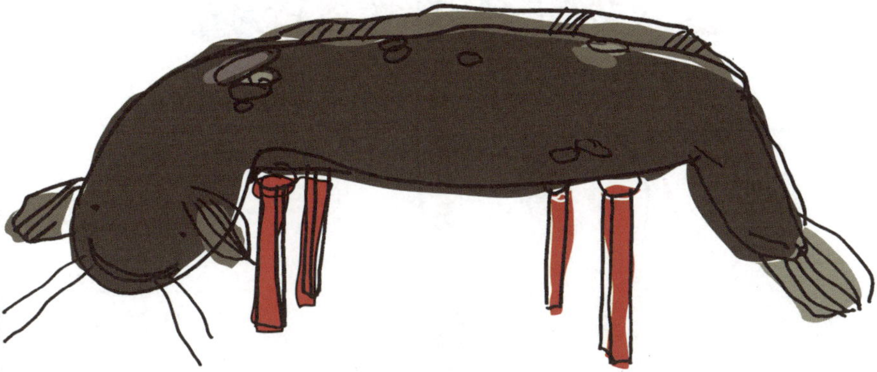

DER FISCH-ENTZUG

Wem würden Sie ein Denkmal setzen? Ich muss nicht lang überlegen: Es wäre der unbekannte Hechtangler in der Schonzeit!

Von Januar bis Ende April, eine ganze Eiszeit lang, ist er ein lebender Toter. Er will, aber darf nicht. Knallharter Triebverzicht. Geht in Ordnung, dass der Hecht geschont ist, aber ich frage Sie: Wer schont den Hechtangler? Wir sind uns doch einig, dass er Schonung braucht! Jeder Gedanke, der durch seinen Kopf schwimmt, formt sich zum Hecht. Je länger die Schonzeit dauert, desto schlimmer wird es. Einem Alkoholiker auf Entzug muss es ähnlich gehen, doch seine Krankheit ist anerkannt. Er kann dem Psychiater freimütig gestehen, dass er jede Litfaßsäule für ein Schnapsfass hält. Doch was sagt derselbe Psychiater, wenn Sie als Hechtangler auf der Couch gestehen: »Es braucht nur eine rote Pudelmütze in der Menschenmasse zu verschwinden, schon denke ich »Biss« und reiße die Arme hoch! Das ist wie ein Reflex!« Natürlich springen Ihre Mitmenschen verängstigt zur Seite – niemand vermutet in dieser Zuckung einen harmlosen Anhieb.
Im weiteren Verlauf der Therapie gestehen Sie, dass Ihnen seit dem dritten Monat der Schonzeit die Worte entgleiten. Sie geben Ihrer Frau nicht mehr »Recht«, nur noch »Hecht«, und wenn Sie zur Entschuldigung zwei Karten für die »Dreigroschenoper« kaufen, schieben Sie das Stück einem gewissen Bertolt Hecht in die Schuhe. Ihr Psychiater empfiehlt mehr Schlaf. Also gehen Sie früh ins Bett und zählen Schäflein vorm Einschlafen. Da stößt ein Raubtier in die Herde, Entenschnabel auf, Entenschnabel zu – weg das Schaf, vorbei der Schlaf! Ihr Psychiater schüttelt den Kopf, überweist Sie in eine Klinik, und dort stellt der Chefarzt persönlich fest: Die Medizin kann Ihnen nicht helfen. Stimmt sogar. Was Sie brauchen, ist ein einziger Angeltag – der 1. Mai. Und schon geht es Ihnen mehr Hecht als schlecht!

*

HECHTINFARKT!

Wenn Sie sich in Ihrem Angelladen neuerdings wie in einer Apotheke fühlen, dann hat das nicht unbedingt mit den Preisen zu tun.

Denn vor kurzem hat der Gesundheitsminister eine Kampagne gestartet, die vor einer heimtückischen Anglerkrankheit warnt. Jeder Händler ist nun verpflichtet, beim Verkauf von Hechtgeräten auf die Risiken und Nebenwirkungen hinzuweisen. Neben kleineren Verletzungen wie abgebissenen Fingern und Nasen droht eine ernsthafte Gefahr: der Hechtinfarkt! Prüfen Sie selbst, ob Sie hechtinfarkt-gefährdet sind! Eine solche Attacke bahnt sich an. Heizt Ihnen das Hechtfieber schon am Vorabend des Angeltages ein? Werden Sie heimgesucht von Drill-Phantasien? Passiert es Ihnen beim Schlafwandeln, dass Sie Ihre Frau mit dem Nackengriff landen wollen? Wenn Sie jetzt auch noch sagen, dass Sie morgens vor dem

Wecksignal aus dem Bett und in die Stiefel springen, dann sind Sie im höchsten Maße infarkt-gefährdet! Ihr Risiko erhöht sich durch chronisches Übergewicht, vor allem auf Seiten der Hechte. Mit leicht beschleunigtem Puls kommen Sie ans Wasser. Der erste Hecht, der vor Ihren Füßen raubt, lässt Ihnen den Schweiß aus allen Poren schießen. Beim Biss durchstößt Ihr Blutdruck die medizinische Obergrenze ebenso locker, wie der Hecht aus dem Wasser schießt. Sie sind auf 300, aber der Drill hält Sie im Leben.
Der klassische Hechtinfarkt erfolgt nach der Landung, wenn Sie sich erschöpft über den Kescher beugen. Er macht sich bemerkbar durch ein Schwindelgefühl, das beim Messen des Fisches auftritt.
Als Sofortmaßnahme empfiehlt der Gesundheitsminister eine Gesprächstherapie nach Sigmund Freud. Diese Erste Hilfe können Sie sich am Stammtisch Ihrer Vereinskneipe holen. Unter ständiger Zufuhr von Narkosemitteln reden Sie sich das traumatische Fangerlebnis von der Seele. Sobald die Kollegen Ihnen glauben, lässt das bedrohliche Schwindelgefühl nach. Der Hechtinfarkt ist überstanden.

OSTWIND-FRONT

Gelobt sei der Ostwind! Gepriesen der Kormoran! Geheiligt der Berufsfischer! Denn sonst hätten Sie jetzt ein Problem ...

Zu Hause brutzelt das Fett schon in der Pfanne. Die Zwiebeln sehnen mit glasigem Blick Ihre Fischfilets herbei. Hungrige Mäuler scharen sich um den Tisch. Ihre Heimkehr wird erwarte wie ein Siegeszug: Der Weltmeister landet in Frankfurt, die Fans empfangen ihn! Das Ideal: Sie treten unter dem Jubel Ihrer Familie ein, wahren aber Ihr Pokerface, um die Spannung zu steigern. Dann wuchten Sie Ihre Beute, die nur schwer zu verbergen war, endlich ans Licht. Wannengroß der Karpfen, zollstocklang der Aal, lachsgleich die Forelle! Wer am lautesten raunt, kriegt das größte Stück. Die Heimkehr des Ernährers, so verlief sie schon in der Steinzeit.
Aber heute bringen Sie nichts als eine leere Madendose mit. Alle zeigen Verständnis: Ihre Frau, Ihre Kinder und vor allem die Fischstäbchen-Industrie, die ersatzweise einspringt. Nur einer hat kein Verständnis: Sie mit sich! Der Kormoran, erzählen Sie, hat Ihnen die steigende Äsche unter der Trockenfliege weggeschnappt. Der große Hecht ist beim Angriff auf Ihren Blinker in die Reuse des Berufsfischers gestürmt. Und der Ostwind hat allen Fischen des Sees, die tags zuvor auch noch Opfer eines Fischsterbens wurden, die Mäuler verriegelt. Die Fischstäbchen schmecken plötzlich fad. Die Zwiebeln schauen noch glasiger. Das Verständnis für Ihren Nicht-Fang schlägt in Misstrauen um. Sie reden um Ihr Anglerleben: Ein Schnurfehler, der Hecht riss ab! Ein Loch im Kescher, der Karpfen fiel durch! Und ein Raubüberfall auf dem Heimweg, der Maskierte entkam unerkannt mit einer Beute von drei Hechten, zwei Karpfen und einem Aal! Für Hinweise, die zur Ergreifung des Täters führen, ist eine Belohnung von drei Päckchen Fischstäbchen ... Die Fankurve buht. Ihre Kinder werfen mit Fischstäbchen, Ihre Frau mit bösen Blicken. Sie flüchten in die Kabine. Und beschließen: ab heute keine Ausreden mehr!

*

Angler im Paradies

Eine bekannte Zeitung will in ihrem Fragebogen von Prominenten wissen: Welche historische Persönlichkeit wären Sie gern gewesen? Meine Antwort: irgendein Angler vor 300 Jahren. Malen Sie sich das aus, es muss ein Paradies gewesen sein! Damals zogen die Lachse in so dichten Schwärmen durch den Rhein, dass man ohne Brücke von Deutschland nach Frankreich laufen konnte und beim Hinübergehen noch einen 30-Pfünder fing. Damals war noch jede Laube so groß, dass man sich mit der Erfindung des Keschers Zeit ließ und erst mal das Gaff entwickelte. Damals kosteten die besten Angelruten keinen Heller, man konnte sie an jeder Flussecke vom Weidenbusch schneiden, und die Schnur der Marke »Pferdehaar« galoppierte gratis übers Feld. Damals belauerte uns kein »Tierschützer« mit Fernglas, erstens weil es keine Ferngläser gab, zweitens weil es keine Tierschützer gab und weil diese drittens, so es sie gegeben hätte, selber Angler gewesen wären. Damals trug jede Bachforelle ihr deutsches Stammbuch zwischen den Zähnen. Jeder Knurrhahn sang die deutsche Nationalhymne, noch bevor sie gedichtet war. Und fremdartige Gesellen wie Regenbogenforellen und Amurkarpfen hatten Einreiseverbot. Damals waren alle Seen so klar wie Quellbrunnen, und man sah nur deshalb nie zum Grund, weil zu viele Meterhechte den Blick versperrten. Damals war der erfolgreichste Angler des Dorfes für den reichsten Bauern der begehrteste Schwiegersohn, was sich gut traf, weil dieser Bauer neben den größten Kartoffeln oft auch die schönsten Töchter hatte.
Damals! Historiker behaupten nun: Die meisten Ruten hatten keine Rolle, weshalb die Angler sie den Kapitalen nach dem Biss im wahrsten Sinne hinterher warfen. Damals. Die Haken waren stumpf wie ungespitzte Bleistifte und die Schnüre dick wie Abschleppseile, aber dennoch rissig. Damals. Fische von über 10 Pfund wurden kaum gelandet, und die Hechte hatten nur deshalb einen Meter, weil den Anglern jedes Maß(band) fehlte. Damals.
Der Traum aller Kollegen, damals: ein Angler sein in 300 Jahren!

AALE AUF BOOTSTOUR

Das Schlauchboot, das um die Flusskurve trieb, trug eine unheimliche Sensation in sich ...

Bitte fragen Sie mich nicht, welche verdammte Ahnung mir geflüstert hatte, dass sich hinter meinem Rücken etwas zusammenbraute. Stur wie ein Panzer war ich das Ufer unseres kleinen Flusses hinab marschiert, hatte beim Spinnfischen mit meinem 4er Mepps kein einziges Mal über die Schulter geschaut. Doch nun kribbelte mein Rücken so stark, als hätte sich ein sprungbereiter Grizzly an mich herangepirscht; ich musste mich einfach umdrehen! Blitzschnell wandte ich meinen Kopf. Was ich sah, war zwar kein ausgehungerter Bär, aber dennoch eine Überraschung: Ein winziges, quietschegelbes Schlauchboot hoppelte um die Flusskurve, offenbar herrenlos. Als es auf meiner Höhe schwamm, konnte ich in das Boot sehen. Meine Augen wurden mindestens so groß wie das Blatt meines 4er Spinners: Zehn Aale, darunter ein Pfünder, schlängelten sich dort! Treffsicher wie ein Revolverheld warf ich meinen Mepps in das Boot, kurbelte vorsichtig an und zog es ans Ufer. Die Aale – jetzt konnte ich sie

anfassen! – waren keine Halluzination, sondern der lebende Rohstoff für beste Räucherware. Nun glitzerten meine Augen mit dem Goldspinner um die Wette; mir lief schon das Wasser im Mund zusammen. Aber was, in drei Teufels Namen, trieben die Fische in dem Schlauchboot? Unternahmen sie etwa eine kleine Spazierfahrt, um den Morgen zu genießen? Wollten sie sich von dem Boot zurück ins Sargassomeer tragen lassen, statt mit eigener Flossenkraft zu schwimmen? Was hatte die Fische in das Schlauchboot gelockt? Und wie war es ihnen überhaupt gelungen, sich über den steilen Rand des Bootes zu schlängeln?

»Rühr' nichts an!«

Am Boden des Schlauchbootes stand Regenwasser, den Aalen ging es prächtig. Diese Geschichte war so gut, dass ich sie nicht für mich behalten konnte, ohne zu platzen. Also schnappte ich das Handy und rief den »rasenden Roland« an, einen Arbeitskollegen, der als freier Mitarbeiter für die Lokalzeitung schrieb. »Rühr' nichts an!«, beschwor er mich. Fünf Minuten später kam er gerannt. Zwei Kameras baumelten um seinen Hals, er umklammerte einen Stenoblock. Seine Wangen glühten vor Aufregung, ein Kriegsreporter war nichts dagegen.
»Wo sind die Aale, wo?« rief er. Ich deutete auf das Schlauchboot am Ufer. »Endlich eine Story!«, jubelte der rasende Roland, der bislang vor allem über Seniorengeburtstage und Vereinsfeiern hatte schreiben müssen. Er schoss Fotos aus allen Perspektiven: stellte sich auf die Zehenspitzen, ging in die Hocke, warf sich sogar auf den Bauch. Es blitzte, als wäre Zeus persönlich vom Himmel gestiegen. Dann interviewte er mich, wobei jede seiner Fragen mit den Worten begann: »Martin, du als Augenzeuge ...« Er füllte den halben Block mit meiner Aussage, als hätte ich gerade die Landung eines aalgefüllten Ufos beobachtet, das zur Invasion des örtlichen Anglervereinsheims gelandet war. Ich kam mir mindestens so wichtig wie ein ganzer Konferenzsaal voller Staatsoberhäupter vor.
Am nächsten Tag sprang mich die »Story« von der Titelseite an: das aalgefüllte Schlauchboot, ein ellenlanger Text und – natürlich am wichtigsten! – ein Foto von mir. Die Überschrift lautete: »Aale auf Schlauchboot-Tour – biologische Sensation!« Darunter stand, etwas kleiner: »Die Entdeckung eines Anglers stellt Experten vor Rätsel«.

Bleicher Augenzeuge

Im Text wurde ich als »einheimischer Angler und einziger Augenzeuge« zitiert. Der rasende Roland hatte meine trivialen Äußerungen (»Ich kann das nicht erklären!«) im Stile eines Boulevardreporters aufgemotzt. In dem Artikel hieß es: »Kreidebleich, mit schlotternden Knien, stand der einheimische Angler Martin Wehrle am Ufer. Er stammelte immer wieder: ‚Der

Boden des Bootes – eine gruselige Schlangengrube!'« Die Aussichten, dass ich für die Hollywood-Verfilmung meiner eigenen Geschichte engagiert wurde, standen also glänzend!
Im zweiten Teil des Artikels gaben Wissenschaftler aus aller Welt ihren Senf zu der Schlauchbootfahrt der Aale. Ein Dr. Clerk aus Kanada wies auf eine Passage aus einer 1654 erschienenen Seefahrernovelle hin, in der von Aalen und Ratten berichtet wurde, die gemeinsam als blinde Passagiere eines Bootes über das weite Meer fuhren. Der deutsche Professor von Traustein machte auf den phantastischen Geruchssinn der Aale aufmerksam und äußerte den Verdacht, vielleicht hätten Kinder zuvor in dem Boot gevespert, zum Beispiel aromatische Dauerwurst. »Die Reste des Essens, auf dem Boden des Bootes verstreut, haben die Aale vielleicht so stark angelockt, dass sie ...« Die Lokalzeitung war offenbar sicher, dass dieses Rätsel ungelöst bliebe, also machte sie sich mit einer Prämie von 1000 Euro für sachdienliche Hinweise dick.

Rausch des Ruhmes
Am Abend war das Band meines Anrufbeantworters so voll wie ich nach einer durchzechten Nacht. Der Rausch des Ruhmes hatte mich erfasst: Die BILD-Zeitung bot mir ein stattliches Honorar für die Exklusivrechte an der Geschichte und stellte einen weiteren Anruf in Aussicht. Etliche Fernsehsender bettelten um Interviews. Drei Angelzeitschriften flehten mich um einen Rückruf an. Dann klingelte das Telefon wieder. Ich sah mich schon mit BILD einen 100.000-Euro-Vertrag aushandeln, natürlich inklusive Freiabo, damit ich die täglichen Storys über mich auch ausschneiden und für künftige Generationen erhalten konnte. Doch es war Thomas, der Aalspezialist unseres Vereins. »Hast du mein Schlauchboot noch?«, fragte er trocken.
»Dein Schlauchboot?«
Da rückte er mit seiner Geschichte raus. Thomas hatte am Vorabend im Oberlauf unserer Vereinsstrecke gepöddert. Und weil beim hakenlosen Angeln mit Wurmbündel immer wieder Aale abfallen, hatte er am Ufer das kleine Schlauchboot als Auffangbecken befestigt. Die Aale bissen wie verrückt, einer nach dem anderen landete in dem Boot. Doch dann löste es sich unbemerkt vom Ufer ...
Am nächsten Tag brachte die Lokalzeitung eine winzige Meldung auf der letzten Seite, in der die Wahrheit kleinlaut verkündet wurde. Ich bekam die Belohnung. Die BILD-Zeitung hat sich nicht mehr gemeldet.

DIE FLUT DER FISCHE

Mit einem Gesicht, als sei gerade sein Dackel gestorben, kündigt der Wettermann im Fernsehen einen »Tiefausläufer« an.

Blitz und Regenschirm im Hintergrund sollen die drohende Katastrophe veranschaulichen. Ich reiße die Faust nach oben und stoße einen Jubelschrei aus. Natürlich bringt der Regen hohes Wasser in den Fluss. Natürlich bringt das hohe Wasser Meerforellen und Aale. Und natürlich werde ich dann, obwohl mir fette Tropfen auf die Kapuze trommeln, mit meinen Fängen nicht länger im Regen stehen. Wie bisher bei Flachwasser. Ich montiere meine Ruten.

Der erste Donnerschlag klingt wie Musik in meinen Ohren. Auftakt zum Fangkonzert! Der Regen prasselt los, die Kanalisation läuft über, ein Blitz zerschmettert die Eiche vorm Fenster. Erste Feuerwehrsirenen singen von überfluteten Kellern. Hurra, das Hochwasser ist da! Begleitet von der Sturmwarnung aus dem Radio, die wie ein kräftiges »Petri Heil!« klingt, fahre ich los, zur Not auch im Schlauchboot, falls das Wasser in den Straßen über Motorhöhe steht. Der Fluss, zuletzt nur noch ein blauer Strich, gurgelt jetzt als reißender Strom. Für den unwahrscheinlichen Fall, dass mein 200-Gramm-Sargblei jemals den Grund erreicht, werde ich Aale fangen! Und für den noch unwahrscheinlicheren Fall, dass mein Spinner in diesen Wassermassen dem gierigen Maul einer Meerforelle begegnet, trage ich mindestens 10 Pfund Silber nach Hause!

Ich beschließe, dem Wettermann vom Fernsehen vorzuschlagen, wie er seine Wetterkarte noch anschaulicher machen kann: Nicht der langweilige Blitz soll künftig Gewitter symbolisieren, sondern ein armdicker Aal! Eine Meerforelle soll stehen für Dauerregen, ein Huchen für Graupelschauer, ein dicker Hecht für Frühnebel – und wenn sich ein Hoch partout nicht vermeiden lässt, wird auch noch das Bild eines Karpfens an der Oberfläche aufzutreiben sein.

Dann habe ich endlich im Fernsehen, was ich mir auch in Wirklichkeit wünsche: Angelwetter!

*

KARPFEN MIT SPRUNG

Dass Hechte in die Luft gehen, kann ich ja noch verstehen: Der Wobbler im Maul stachelt sie dazu an. Aber warum springen Karpfen?

Und zwar niemals im Drill, sondern völlig unbedrängt? Sie wissen, welche Art von Sprung ich meine: Wie in Zeitlupe schiebt sich der goldene Körper eines 30-Pfünders aus dem Wasser. Für einen Moment steht er in der Luft. Dann fällt er mit einem Bauchklatscher zurück. Der Karpfen will Parasiten abschütteln, sagen einige Biologen. Aber haben Sie schon mal gesehen, mit welcher spielerischen Freude ein Karpfen aus dem Wasser schnellt, oft drei-, viermal in schneller Folge? So sieht kein Gequälter aus! Karpfen springen aus einem ganz anderen Grund: um mir zu zeigen, was für ein Trottel ich doch bin! Da liegt mein Monatsgehalt auf dem Futterplatz, ein handgewebter Boilieteppich mit orientalischer Duftnote. Da schweben meine Superköder über den Dingen, zwei Pop-up-Boilies zum Anbeißen. Und da sitze ich am Ufer, inmitten meiner High-

Tech-Ausrüstung, und fühle mich den Karpfen sehr überlegen: Mein Stuhl ist der Thron, meine Bissanzeiger sind die Hofnarren, und gleich stimmen sie das Lied vom Drill an. Wenn nicht, bin ich trotzdem zufrieden: Ich mache ja alles richtig und hole an diesem Platz raus, was im Moment rauszuholen ist: nichts. Die Karpfen gründeln sicher Meilen entfernt. Und dann springt er, dieser 30-Pfünder. Auf meinem Futterplatz! Steht so lang in der Luft, dass ich seine Schuppen zählen könnte. Seine Schwanzflosse winkt mir. Als er zurückklatscht, lacht das Wasser Tränen über mich. Zornesröte steigt mir ins Gesicht. Ist meine Montage verwickelt? Sind die Boilies abgefressen? Ich kurble ein. Alles in Ordnung. Neuer Wurf, neues Glück – neuer Karpfensprung! Nichts beißt.
Was mache ich falsch? Mein Kopf brummt. Ich kürze das Vorfach. Ich verlängere das Haar. Ich schärfe den Haken. Ich montiere um mein Leben. Verbissen. Aber ohne Biss. Der Karpfen springt weiter. Das Wasser lacht. Ich verzweifle. Beim Anblick einer Vorfachschlinge denke ich an Selbstmord. Und mache tatsächlich Schluss. Mit diesem Angeltag. Warum springen Karpfen? Darum springen sie!

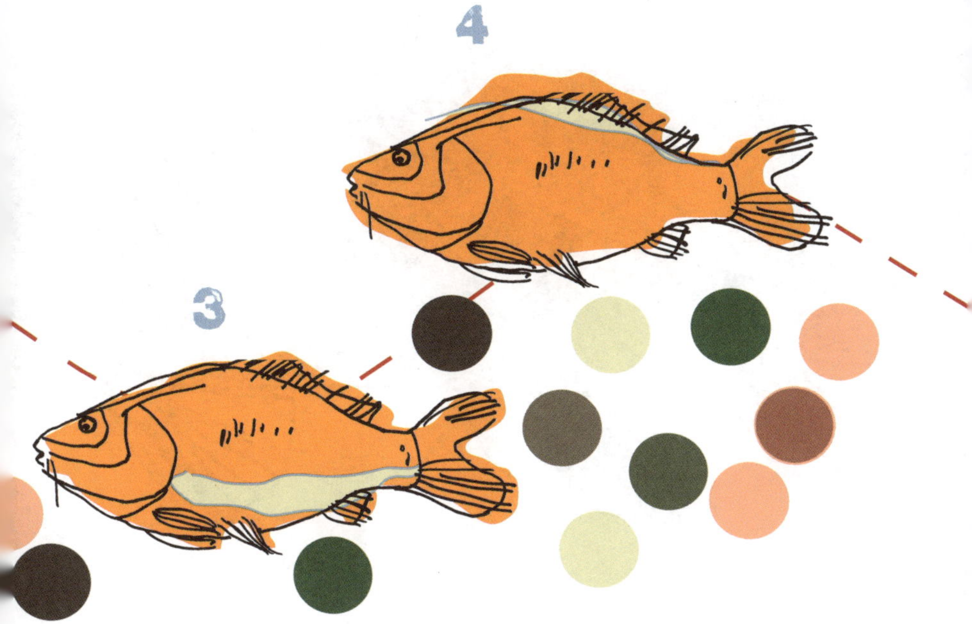

DER KESCHER-TRICK

Wenn zehn Kollegen am Wasser stehen und Sie suchen den interessantesten Gesprächspartner – wie gehen Sie vor?

Ich habe eine Methode entwickelt, mit der Sie nicht irren können. Achten Sie nicht darauf, ob die Ruten aus Kohlefaser oder aus Bambus bestehen. Schauen Sie nur auf die Größe des Keschers! Was halten Sie zum Beispiel von einem Kollegen, dessen Kescher nicht mal für die Wasserflöhe im Aquarium reicht? Ihm fehlt nicht nur der Glaube, sondern sogar die Phantasie, dass ein Hecht von 20 Pfund ... Wie wollen Sie mit diesem Pessimisten ein interessantes Gespräch führen? Er wird Ihnen vorjammern, dass wieder mal der Ostwind, obwohl er heute aus West weht, jeden Fang unmöglich macht. Und der Kollege mit dem mittelgroßen Kescher? Er hat sich auf Satzkarpfen spezialisiert. Die Bügelweite entspricht zentimetergenau dem Mindestmaß. Was größer ist, versiebt er seit Jahren. Seine Rede

ist wie der Wellenschlag: ein ewiges Rauschen, dem keiner mehr lauscht. Aber nun, Sie ahnen es, komme ich zu den Männern mit den tollkühnen Keschern! Die Bügelweite drückt ihren Optimismus aus. Dass Jesus übers Wasser lief, glauben sie sofort – natürlich von einem Karpfenrücken zum anderen! Für den Fall, dass zwei Meter Bügelweite nicht reichen, liegt ein Gaff zu ihrer Rechten. Beim Sprechen drehen sie sich niemals um. Sie könnten ja verpassen, wie ihr Drei-Pfund-Köderfisch in den Schlund eines 30-Pfund-Hechtes schwimmt, von dem sie annehmen, er sei bereits wie eine Tunneleinfahrt aufgerissen. Die Großkescher-Männer reden mir das Paradies vor die Augen. Der ödeste Teich verwandelt sich zu einem abenteuerlichen Großfischrevier; jeder Mückenring an der Oberfläche zu einem raubenden Wels; jede zupfende Laube zu einem Karpfen von 60 Pfund. Ihr Optimismus färbt ab wie frischer Posenlack.
Ich hüpfe an meinen Platz zurück und wette meine Hardy gegen eine leere Madendose, dass bald ein Riesenhecht beißt. Ob ich ihn landen kann? Hängt ganz von meinem Kescher ab. Wie groß der ist? Jetzt dürfen Sie raten!

DIE SPUR DES GRAUENS

Die Fährte war noch frisch. Und sie zog sich vor ihm am Ufer des Forellenflusses entlang. Er konnte nicht anders und folgte ihr.

Das Sturmtief kam, als hätte ich es gerufen. Zum Auftakt der Forellensaison tobte es durch Deutschland, riss Bäume aus und hielt alle vernünftigen Angler vom Fluss ab. Obwohl ich am 1. März erst gegen Mittag ans Wasser kam: kein Fußabdruck am Ufer. Ich war der erste Angler, der Forellen-Kolumbus auf meiner geliebten Waldstrecke. Was für ein Gefühl, den Köder in unberührtes Wasser zu werfen! Und was für eine Chance! Tatsächlich fing ich vier Prachtforellen, alle über ein Pfund. Der Sturm tobte weiter, auch am zweiten März. Am dritten fegte Regen übers Land. Bei dieser Witterung war meine Waldstrecke wohl immer noch unbefischt. Ich, der Kolumbus, würde also erneut aus dem Vollen schöpfen. Die ersten Plätze, direkt an der Straße, ließ ich links liegen. Erst nach einem Kilometer über Busch und Baum, Stock und Stein, war ich ganz sicher: unbefischtes Wasser!

Gleich beißt es!

Vor mir rauschte ein Wehr wie aus dem Bilderbuch. Hier hatte ich am 1. März eine Bachforelle von 600 Gramm gefangen. Zwei schöne Nachläufer warteten darauf, von mir abgeholt zu werden. Aus dem Handgelenk pendelte ich meinen Wobbler in die Strömung, ließ ihn sinken und drehte an. Mir war völlig klar: Gleich biegt sich die Rute! Nichts bog sich. Leicht verunsichert lief ich weiter. Aber hier, an der alten Brücke! Mein Wobbler spielte zum Anbeißen. Doch nicht mal ein Nachläufer ließ sich blicken. Der nächste Platz: eine tiefe Außenkurve. Am 1. März hatte sie mir vier Bisse gebracht, darunter die größte Forelle des Tages: 850 Gramm! Mit neuem Optimismus warf ich aus, kurbelte, warf aus, kurbelte ... Nichts!
Da entdeckte ich sie: Fußspuren im schlammigen Boden! Ein Stiefelprofil, mindestens Größe 45! Die Spur zog sich flussab am Ufer entlang. Ich blickte nach vorne: Vielleicht winkten mir die Schwanzflossen all der Forellen, die ich jetzt nicht mehr fangen konnte, höhnisch aus dem Rucksack meines Konkurrenten entgegen. Aber da war niemand zu sehen.

Profil des Gegners

Also folgte ich der Fährte. Mein Blick hielt sich an den Fußabdrücken fest, wanderte von der Ferse zur Fußspitze, von Abdruck zu Abdruck, von Schritt zu Schritt. Bald kannte ich das Profil auswendig.

Mein Gegner musste ein gerissener Angler sein! An Flussabschnitten, von denen ich wusste, dass dort nichts zu holen war, wurde der Abstand seiner Fußabdrücke größer: Er lief schneller, angelte nicht. Aber wo sich die Forellen drängten und wo auch ich gefangen hatte, an Gumpen, Kurven, Wehren, Hindernissen, dort gingen die Abdrücke ineinander über, als hätte er auf der Stelle getreten – er verharrte, fischte jeden Zentimeter aus! Mein Puls sprang in den Hals. Typen wie dieser sind eine Plage! Ihre Fanggier ist grenzenlos, sie sprengen jedes Limit, kriegen den Watkescher nie voll genug. Der Kerl musste ein wahrer Forellenvernichter sein, eine wandelnde Fischseuche, ein ausgehungerter Kormoran mit Rute, der allein so gut wie ein ganzer Schwarm jagte!
Ich stapfte weiter den Fluss hinab. Meine Augen hielten sich an den Spuren fest, ich sah nicht aufs Wasser, tat keinen Wurf mehr – es war ja zwecklos! Es sei denn, ich könnte den menschlichen Kormoran einholen, mich vor ihn drängen und wieder als Erster meinen Köder auswerfen. Also legte ich an Tempo zu und keuchte durch den Wald. Die Äste knackten unter meinen Sohlen, der Schlamm spritzte.

Feuer frei!
Eine kleine Hoffnung keimte in mir, als ich mich einer tiefen Rinne näherte. Sie lag mitten in einem unscheinbaren Flussabschnitt. Diesen Platz kannte niemand außer mir! Dachte ich. Das Ufer vor der Rinne war plattgetreten. Er hatte hier verharrt, hier gefischt, hier ... Verdammt! In diesem Moment beschloss ich, auf der nächsten Hauptversammlung ein flammendes Plädoyer für höhere Kormoran-Abschuss-Quoten zu halten! Nach drei Kilometern tropfte Schweiß von meiner Stirn, Schlammspritzer zeichneten mich von der Hose bis zur Weste und mir war schwindlig, weil ich die ganze Zeit auf den Boden starrte. Ich blieb stehen. War ich denn wahnsinnig? Wollte ich mich von diesem Kormoran an den Rand eines Herzinfarkts treiben lassen? Womöglich nur, um ihn zwei Minuten vor Dämmerung am Streckenende zu finden, wo er zusammengebrochen unter seinem Forellenberg lag? Nein, das wollte ich nicht! Als bescheidener Angler, dem es ja gar nichts ausmacht, wenn er mal nichts fängt, würde ich jetzt souverän den Rückzug antreten. Ich warf noch einen wehmütigen Blick auf den Fluss, so wie man als Verspäteter hungrig auf ein geplündertes Bankett schaut, und drehte mich um. Die Zahl der Fußabdrücke im Schlamm hatte sich verdoppelt. Logisch, meine eigenen waren ja dazugekommen. Was mich irritierte, war das Profil der Stiefel. Die Abdrücke glichen sich wie Zwillinge. Exakt dieselbe Schuhgröße, dasselbe Profil, dieselbe Abdrucktiefe im Schlamm. Exakt derselbe Angler! In diesem Moment beschloss ich, auf der nächsten Hauptversammlung doch gegen den Abschuss von Kormoranen zu sein!

DER HELLSEHER

Was er fangen würde, wusste er immer im Voraus. Eigentlich. Doch diesmal schien er bei den Fischen auf Granit zu beißen.

Wenn Sie wollen, können Sie mich als Hellseher bezeichnen. Seit Jahren sehe ich jeden meiner kapitalen Fische im Traum voraus. Immer in der Nacht vor dem Angeltag. Ob Hecht, Forelle oder Karpfen – Irrtum ausgeschlossen. Sie glauben gar nicht, wie praktisch das ist! Am Morgen, bevor ich den kapitalen Aal fange, kann ich schon zur Räucherfete laden. Inzwischen habe ich sogar gelernt, das Gewicht meiner »Traum-Fische« exakt einzuschätzen.
So wusste ich gleich: Diese Bachforelle würde 5 Pfund und 125 Gramm wiegen! Ich sah jeden ihrer roten Punkte, während sie im Traum in meinen Watkescher glitt. Entsprechend beschwingt hüpfte ich am nächsten Morgen aus dem Haus und schickte schon mal die Mail an meinen Präparator ab, in der ich um ein Angebot bat. Einen Moment spielte ich mit dem Gedanken, den mit mir befreundeten Reporter der Lokalzeitung zu bestellen. Doch er, der rasende Roland, würde jetzt, um 5 Uhr, sicher noch tief und fest schlafen.

Halbes Hähnchen
Da ich wusste, was auf mich zukam, fischte ich mit der Fliegenrute zwei Nummern dicker als sonst. Ich montierte eine 28er Vorfachspitze und einen handlangen Streamer. Mein Watkescher saß griffbereit wie der Colt eines Revolverhelden. Mit kurzen Rollwürfen suchte ich die Baumwurzeln am Rand der tiefen Gumpen ab. Mein Riesenstreamer klatschte jedes Mal ins Wasser, als würde eine Ente landen.
»Und warum angelst du nicht mit Pommes?!« rief eine fröhliche Stimme hinter mir. Es war Bernhard, der Schriftführer unseres Vereins. Er war eher für seine große Klappe als für große Fänge bekannt.
»Warum Pommes?« fragte ich.
»Weil du doch schon ein halbes Hähnchen am Vorfach hast!« Er lachte über seinen Scherz, dass die Abzeichen an seinem Hut nur so klirrten.
Ich deutete gelassen auf seinen Ministreamer und sagte: »Mit dieser halben Portion fängst du bestimmt – aber nur halbe Portionen!« Ich wollte noch hinzufügen, »darin hast du ja Übung«, verkniff es mir aber. Vielleicht würde ich seine Hilfe zur Landung der Großforelle ja noch brauchen.

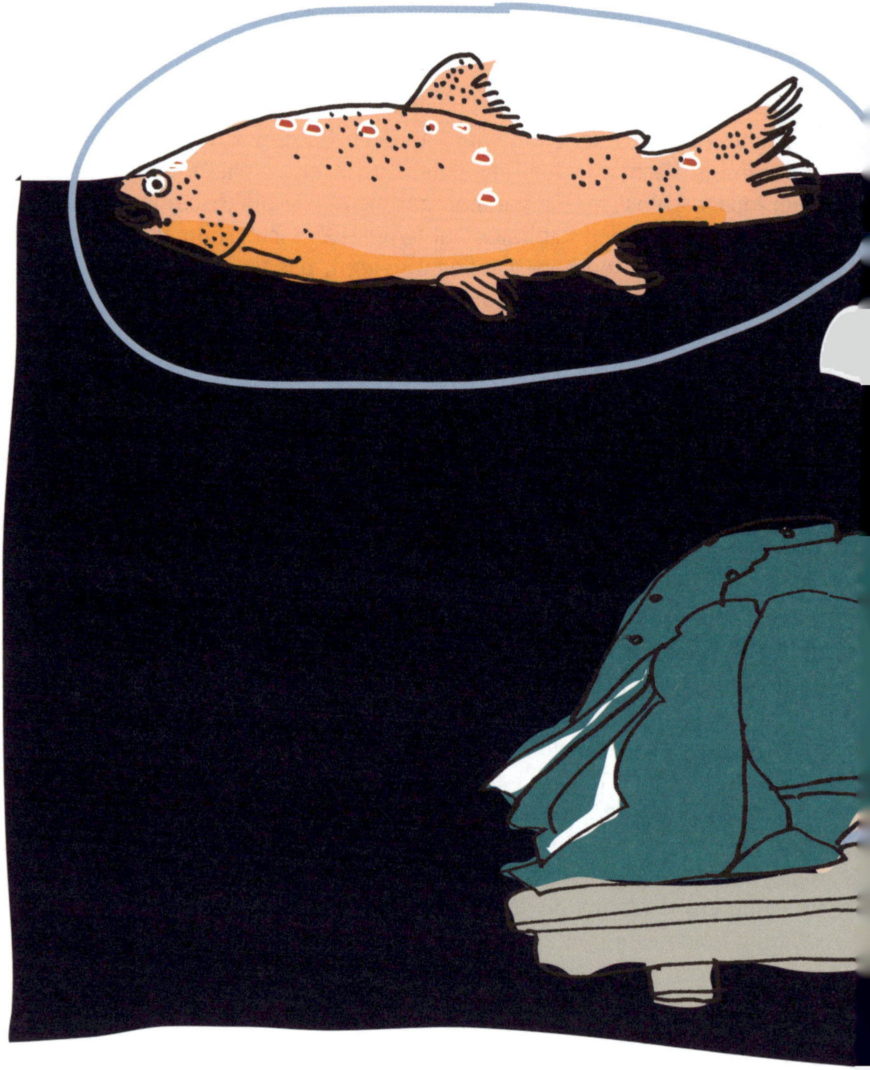

Verdächtiger Schatten

Er ging weiter flussauf, ich flussab. In der tiefen Wehrgumpe war es soweit: Durch die Gischt sah ich am Grund einen mächtigen Schatten, bestimmt 60 Zentimeter lang – und wahrscheinlich hungrig wie ein Wolf! Mein »halbes Hähnchen« schwänzelte direkt an dem Schatten vorbei. Ich schloss die Augen und wartete auf den heftigen Schlag, der gleich durch meine Rute fahren würde. Nichts geschah. Nach zehn Minuten war mir klar, dass ich es mit einer Krautfahne zu tun hatte. Ich wechselte den Platz. Dann eben in der nächsten Gumpe!
Um 11 Uhr wollte ich wieder zu Hause sein. Nun läuteten schon die Mittagsglocken. Und noch immer war mein Keschernetz trocken. Ich kam auf die verrücktesten Gedanken, zum Beispiel den, dass ich den Traum nicht geträumt, sondern ihn mir nur eingebildet hatte. Aber waren nicht alle Träume Einbildung? Jedenfalls hatte ich noch nie so lange auf einen meiner »Traum-Fische« warten müssen. Nun war ich am Ende unserer Forellenstrecke angekommen. Sollte ich aufgeben? Die Rute ins Korn werfen? Womöglich den Zauber meiner Träume für immer brechen? Niemals! Ich stiefelte zurück zum Anfang der Strecke und fischte noch einmal vorn vorne. Nur die Wehrgumpe, wo Bernhard fischte, ließ ich links liegen.

Hängender Kopf

Wieder nichts! Es war jetzt 15 Uhr, ich wurde zu Hause erwartet. Der Spott meines Präparators klang mir schon in den Ohren. Gut, dass ich den rasenden Roland nicht bestellt hatte!
Mit hängendem Kopf zog ich meine Rute auseinander und machte mich auf den Heimweg. Zu meinem Erstaunen angelte Bernhard immer noch in der Wehrgumpe. Er hatte mehr Ausdauer, als ich dachte. Er stand an demselben Platz wie ich am frühen Morgen. Ich beschloss, mir einen kleinen Scherz zu erlauben.
»Schau mal da, Bernhard!« rief ich – und zeigte auf die Krautfahne am Grund, die immer noch wie ein Fischkörper in der Strömung pendelte. Bernhard riss den Mund vor lauter Staunen auf. »Wahnsinn!« raunte er – und schlenzte seinen Streamer mit einer unvermuteten Zielsicherheit vors Kraut.

Rute krumm

Der schwarze Köder schwänzelte los. Ein mächtiges Maul blitzte auf. Weg war der Streamer! Krumm war die Rute! Fassungslos war ich! Die Forelle stürmte los. Bernhard hielt sich an seiner Fliegenrute fest. Die Schnur zischte durch seine Finger. Eine Bugwelle schnitt durch den Fluss. Und schließlich ratterte der Backing-Knoten durch die Ringe. Bernhard, der sonst redete wie ein Buch, sagte kein einziges Wort. Er stolperte hinter dem Fisch her und war so in den Drill vertieft, dass er sogar den Weltuntergang erst am nächsten Tag bemerkt hätte. Die Forelle tobte jetzt in der Flussmitte. Sie schlug einen Salto, rammte ihren Dickschädel gegen den Grund und schüttelte sich. Es sah aus, als wäre sie unbezwingbar. Doch je länger sie tobte, desto erschöpfter wurde sie. Schließlich war es soweit: Der Fisch zeigte Weiß, ich spreizte den rechten Arm nach vorne und nahm sie mit meinem Watkescher in Empfang. Die Forelle glitt ins Netz, ich sah jeden ihrer roten Punkte. Genau dieses Bild hatte ich schon einmal gesehen. In meinem Traum. Alles stimmte: mein Kescher, die Forelle – nur es war nicht mein Fisch! Bernhard tanzte am Ufer. Die Abzeichen an seinem Hut klirrten vor Freude. »Was glaubst du, wie schwer ist sie?«, wollte er wissen.

»5 Pfund und 125 Gramm«, knurrte ich. Und fuhr nach Hause.

*

EISANGLER IM HOCHSOMMER

Kennen Sie coole Kollegen? Ich meine solche, die nie lächeln oder fluchen, egal was beim Angeln passiert?

Sie keschern ihren Meterhecht mit der Miene eines Gärtners, der Herbstlaub aus dem Pool fischt. Sie lesen das Gewicht ihres 40-Pfund-Karpfens mit dem Blick eines Postbeamten von der Waage, der das hundertfünfte Päckchen des Tages frankieren muss. Und wenn ein Riesenwaller ihre Schnur mit einem Knall sprengt, der andere Angler wie ein Peitschenhieb treffen würde, kommentieren sie kühl: »Schnurbruch durch Überlastung«. Statt eine Miene zu verziehen, was ja nur Zeitverschwendung wäre, montieren sie neu, diesmal 0,10 Millimeter stärker.
Es gibt ein unveränderliches Kennzeichen, durch das Ihnen solche Angler auf Fangfotos auffallen werden: Der unglücklichste Fisch wirkt vor ihrem Gesicht wie die reinste Frohnatur. Tote Hechte grinsen, Karpfen geben Küsschen, Aale kringeln sich vor Lachen.
Coole Angler sind eben Eisangler, auch im Hochsommer bei 40 Grad. Ihr Eisloch sitzt dort, wo andere Angler Gefühle haben. Zum Beispiel Ärger über einen Fehlbiss. Oder kindliche Freude über einen Fang. Coole Angler sind routinierter als routiniert und erfahrener als erfahren. Egal, was Sie ihnen erzählen, und sei es die Geschichte vom Karpfen, der einen Tennisball von der Oberfläche schlürft – alles haben sie schon erlebt. Egal, welchen Fisch Sie ihnen präsentieren, und sei es Kreuzung aus Aal, Brassen und Hammerhai – alles haben sie schon gefangen. Und egal, wo Sie im Urlaub geangelt haben, und sei es die Mündung des Amazonas in den Rhein – überall haben sie ihren Köder schon aufgeworfen. Coole Angler erinnern mich an Chirurgen: Was sie tun, findet eigentlich in der Herzgegend statt, aber sie reden es zur Wissenschaft runter, zur puren Rechenaufgabe. Von ihnen stammen auch sämtliche Berechnungen und Statistiken. Zum Beispiel die, wie viele Würfe nötig sind, eine Meerforelle oder einen Lachs zu fangen. Diese Rechnungen haben keinen Fehler. Nur den, dass sie nie aufgehen – auch wenn das wiederum ziemlich cool wäre ...

*

Der Passant

Der Passant, ein älterer Herr mit Spazierstock, rückt verschwörerisch näher: »Na, beißen die Hechte?« Sein Tonfall heischt nach Anerkennung. Er bildet sich ein, er hätte meinen Zielfisch erraten. Dabei werfe ich meinen großen Gummifisch heute für Zander aus. »Keine Ahnung, ob die Hechte beißen«, sage ich. »Das dachte ich mir«, gibt er zurück, »Sie führen Ihren Köder eindeutig zu langsam.« »Waren Sie in Ihrem letzten Leben ein Hecht?«. »Noch besser«, sagt er, »ich lese den BLINKER. Und dort lief neulich der Artikel ›Mit Vollgas auf Hecht‹.« Als ich die Überschrift meines eigenen Beitrags höre, bin ich so baff, dass ich beim Einholen nicht mehr auf die Rute achte. Deshalb kracht der Gummifisch mit einem ekelhaften Geräusch gegen die Spitze. »Sie sind Anfänger, ich wusste es gleich«, kommentiert er. Und dann sagt er so langsam und so eindringlich, wie man zu Begriffsstutzigen spricht: »Den Köder schneller führen!«
Wie werde ich den Geist, den ich (nicht) gerufen habe, nur wieder los? Vielleicht so: Entgegen meiner Gewohnheit hole ich zum nächsten Wurf über die linke Schulter aus, der Gummifisch rasiert haarscharf an seiner Nase entlang. Er duckt sich weg wie ein Boxer, murmelt etwas wie »Bei Anfängern muss man auf alles gefasst sein« und verfolgt belustigt, wie mein Köder in den Ästen einer Birke überm Wasser landet. Wütend ziehe ich an der Rute, um den Gummifisch aus dem Baum zu lösen. »So wird das nie was«, sagt er. Ehe ich mich versehe, hat er mir die Rute aus der Hand gerissen. Mit einem scharfen Ruck lässt er den Köder aus dem Baum sausen. Ich greife nach der Rute, doch er unklammert sie eisern. »Jetzt passen Sie mal gut auf«, sagt er. Mein Köder fliegt erneut ins Wasser, die Kurbel dreht sich so schnell wie ein Ventilator. »Was machen Sie da?«, rufe ich. »Einen Hecht fangen«, antwortet er. Gleichzeitig biegt sich die Rutenspitze. Ein Fisch von 6 Pfund fliegt im hohen Bogen neben meine Füße. »Na also«, sagt der alte Herr. Und verabschiedet sich mit dem Hinweis, ich sollte doch öfter die Artikel eines gewissen Martin Wehrle lesen. Danke für den Tipp!

Der magische Meter

Wenn Sie bislang der Meinung sind, ein Hecht müsse vorübergehend 99 Zentimeter lang sein, bevor er es auf einen Meter bringt – vergessen Sie's! Hechte mit 99 Zentimetern kommen in unseren Gewässern nicht vor! Ich habe alles getan, um Hinweise auf ihre Existenz zu finden. Habe in alten Fangbüchern gestöbert, am Stammtisch die Ohren gespitzt, in Angelzeitschriften gelesen. Vergeblich! Der 99-Zentimeter-Hecht ist ausgestorben wie der Dinosaurier.

Und jetzt kommt es, halten Sie sich fest: So beklagenswert der Mangel an 99-Zentimeter-Hechten, so erstaunlich ist der Überschuss an 100-Zentimeter-Hechten. Ja, der »Meterhecht« wird in solch überproportionalen Mengen gefangen, dass man ihn schon fast als Meterware bezeichnen kann. Meine repräsentative Umfrage bei 50 Angelkollegen hat ergeben: 18 haben schon mal einen »Meterhecht« gefangen! 99 Zentimeter? Natürlich Fehlanzeige. Auch Hechte von 101 Zentimetern stehen offenbar vorm Aussterben. Es gelingt den Fischen also nicht nur, den Zentimeter vor der 100 zu überspringen; nach Zwischenlandung auf der runden Marke nehmen sie gleich den folgenden Zentimeter mit. Nun hat mir ein Fliegenfischer erzählt, bei den Äschen und Forellen sei das nicht anders: 50er-Fische – schon gefangen! Aber 49- und 51er? Nie gesehen!

Daraus schließe ich: Wir müssen die Rote Liste mit Vertretern aller Gattungen füllen, aber nur, sofern ihre Längen ungerade sind, zum Beispiel 49 oder 51, 99 oder 101 Zentimeter. So viele Angler können ja nicht lügen! Oder doch? Misstrauisch habe ich ein paar Kollegen beim Messen von angeblichen Meterhechten über die Schulter geschaut. Ich war sicher, dass ich mindestens einen ertappe, der seinen 99er aufrundet. Das ist nie passiert, kein einziges Mal. Ehrenwort! Ich kann beschwören: Die Längen reichten nur von 88 bis 98 Zentimeter. Was über 98 liegt, läuft wohl schon als 110.

DIE LACHS-LÜGE

Die Lüge war schon fast verjährt. Doch ein Jahr später wäre sie dem Angler fast zum Verhängnis geworden.

Udo musste ein Glückspilz sein, ein großer Glückspilz sogar. Wie sonst hätte er es geschafft, zwei Jahre nacheinander an den Lough Derg nach Irland eingeladen zu werden? Im ersten Jahr hatte er die Angeltour bei einem Preisausschreiben gewonnen. Bei dieser Reise hatte ich ihn kennengelernt.

Udo war Mitte 30, lugte scheu unter einem dunkelblonden Kinderpony hervor, trat stets zurückhaltend und freundlich auf. Wenn er etwas sagte, dann vor allem »bitte« oder »danke«. Aber es kam von Herzen, man musste ihn einfach mögen. Seine Bescheidenheit ging so weit, dass er alle Hechte, die er im Lauf der Woche gefangen hatte, nicht als eigene Leistung sah – sondern als die seines Guides.

Seine große Leidenschaft war das Präparieren. Er hatte den Kopf seines größten Hechtes mit nach Hause genommen. Und noch dazu den Schädel eines Lachses von zehn Pfund, den ich bei einem Ausflug an den Shannon gefangen hatte. Leider war es der einzige Lachs der Reise geblieben. Der Kopf wäre im Müll gelandet, ich habe ihn gerne abgetreten.

Und nun, ein Jahr später, traf ich Udo wieder am Flughafen in Shannon. Diesmal hatte ihn sein irischer Gastgeber aus dem letzten Jahr eingeladen. »Und das ist Bernd«, stellte mir Udo seinen Angelkumpel vor, einen Bären von einem Mann, dessen Stimme beim »Hallo« so tief wie das Einschlagen eines Grundbleis ins Wasser klang.

Gemeinsam mieteten wir einen Wagen und fuhren in Richtung Lough Derg. Auf der Fahrt wollte Bernd alles ganz genau wissen: »Wie waren die Fänge im letzten Jahr?« Ich erzählte von den Hechten, doch die schienen ihn nicht weiter zu interessieren: »Und die Lachse?« – »›Lachse‹ ist übertrieben – wir haben nur einen gefangen. Und zwar ...«

In diesem Moment rief Udo: »Oh Gott, mein Portemonnaie! Ich glaube, ich hab' es verloren.« Bleich tastete er seine Taschen ab. Ich hielt an, wir durchwühlten den Kofferraum und schließlich – wie aus dem Nichts – war sein Geld wieder da. Kaum waren wir in der kleinen Anglersiedlung angekommen, zog mich Udo zur Seite: »Du, Martin, ich habe ...« Er kratzt sich am Kinn, seine Stimme versagte. »Ich habe ...«

»Du hast?«

»Ich habe – mit dem Lachs. Ich habe gelogen. Habe gesagt, ich hätte ihn gefangen. Und das Präparat allen Kumpels gezeigt.« Er senkte seinen Blick wie ein reuiger Sünder.

Als er wieder zu mir aufsah, sagte er nur: »Bitte, bitte, falls Bernd fragt ...« Er brachte den Satz nicht zu Ende, seine Augen sprachen den Rest. Und tatsächlich: Am Abend, als wir in gemütlicher Runde saßen und ich mich auf den Weg zur Toilette machte, holte Bernd mich keuchend ein. »Martin, eine Frage«, hob er mit tiefem Bass an. »Hat Udo letztes Jahr wirklich einen Lachs gefangen?«
Ich nickte: »Klar, das hat er.« Damit war die Sache für mich erledigt. Doch er ließ nicht locker.
»Udo hatte mal einen in der Krone, da hat er sich verplappert – und erzählt, du hättest den Fisch rausgeholt.« Ich stockte. Was nun? Sollte ich, um einen Lügner zu schützen, selbst zu einem noch größeren Lügner werden? Immerhin stand mein guter Ruf als Angelautor auf dem Spiel. Nach einem kurzen Zögern sagte ich: »Stimmt, ich hab' ihn rausgeholt!« Bernds rundes Gesicht strahlte vor lauter Schadenfreude, als wäre im dunklen Flur vor der Toilette der Mond aufgegangen. Er hatte die Lachs-Lüge enttarnt und würde es zu Hause jeden wissen lassen!
Da fügte ich hinzu: »Rausgeholt mit dem Kescher. Der Fänger ist Udo.« Bernds Mundwinkel fielen auf Merkelsche Tiefen.
Gemeinsam kamen wir zurück an den Tisch. Udos Gesicht hatte rote Flecken bekommen, seine Finger eine Serviette auf das Format eines Golfballs geknüllt. Sein Blick, flehend und fragend, traf mich von der Seite. Ich zwinkerte ihm zu, hob mein Guinness-Glas und sagte: »Auf deinen Lachs aus dem letzten Jahr!« Der Stein, der ihm vom Herzen fiel, wäre auch als Gebirge durchgegangen. Ach ja, Udo hat die Runde übernommen. Wie es sich für einen Fänger gehört.

*

ZWEI GÖTTER UND EIN SEE

Viele Angler träumen davon, einen See für sich allein zu haben. Doch als der göttliche Traum für zwei Freunde wahr wurde, tauchte nachträglich ein Problem auf.

Das Telefon riss mich aus einem Schlaf, der mindestens so tief wie mein Lieblingsfjord in Norwegen war. Ich blinzelte auf den Wecker. 3 Uhr in der Nacht. »Wehrle!«, knurrte ich.
»Hier Dieter!«, trompetete mein Angelkumpel. Er machte eine Pause, als erwarte er Jubel. Ich schwieg. Waren wir für eine Angeltour verabredet? Stand er mit seinem Handy vor der Tür? Hatte ich einen Termin zum frühen Schleienangeln verschwitzt?
»Ich stehe hier im ‚Grünen Baum'«, fuhr er fort. »Und neben mir steht Bullen-Herbert. Den kennst du doch?«
Eine Stimme, die mit viel Bier geölt war, nahm mir aus dem Hintergrund die Antwort ab: »Klar kennt er mich!« Bullen-Herbert war Eigentümer eines Bauernhofes am Stadtrand. Ihm gehörte der Waldsee, ein paradiesisches Gewässer, das nur noch als Kuhtränke diente. Immer wieder hatte ich Herbert bekniet, den See an Dieter und mich zu verpachten. Vergeblich.
»Wir kriegen den See!« Nun war ich hellwach.
»Aber einen Haken hat die Sache«, fuhr Dieter fort. »Er wurde neulich mit Netzen abgefischt. Ist jetzt leer. Wir müssen neu besetzen.«
»Umso besser«, gab ich zurück. »Dann übernehmen wir keine Altlasten. Dann kommt genau das rein, was wir rausholen wollen!«
Weiß der Himmel, was Dieter mit Herbert gemacht oder vielmehr: gesoffen hatte! Aber der Kater des nächsten Tages erinnerte den wohl an seine Zusage. So unterschrieben wir einen Prachtvertrag über zwölf Jahre.

Ein Hechtparadies?

Ein See wie ein Himmelreich, glasklares Wasser, rundherum Tannen – und wir hatten ihn für uns allein! Kein Vorstand konnte uns mit Verboten gängeln. Kein Schmarotzer konnte mehr die besten Plätze besetzen.
Wir allein waren die Götter des Sees. »Das wird ein Hechtparadies«, sage ich zu Dieter. »Wir besetzen Weißfische als billiges Futter. Und Hechte hinterher. Die werden wachsen wie der Teufel!« Er verzog das Gesicht: »Hechte? Du spinnst wohl! Die wachsen in jedem dreckigen Graben. Wir haben reines Quellwasser! Da müssen Forellen rein, Forellen und Saiblinge.«
»Für Forellenpuffs gibt's andere Adressen!«, gab ich zurück.
»Puff?« Er klang beleidigt. »Wir setzen Dreisömmrige ein – und holen bald

kapitale Naturforellen raus!«
»Ein See ohne Hechte? Niemals! Oder willst du deine Forellen als Futter spendieren?«
»Hättest du wohl gern! Wir müssen uns entscheiden.« Dass wir Besatz für 5000 Euro einbringen wollten, darüber waren wir uns immerhin einig.

Fischleerer Stolz

So waren wir die stolzen Besitzer eines Gewässers, das nur einen Fehler hatte: Es war fischleer. Und statt zu besetzen, stritten wir uns. Die Diskussionen zogen sich über Wochen. Dieter wurde zum gewieften Anwalt der Forellen und Saiblinge. Und ich hielt feurige Plädoyers für Hechte. Beide waren wir beeindruckt von den Argumenten der Gegenseite – aber von den eigenen noch mehr!
Drei Monate vergingen. Abends saß ich manchmal am verträumten Ufer des Sees.
Das einzige, was an der Oberfläche spielte, waren Insekten. Keine Bugwelle, kein Klatschen, nichts. Ich kam mir vor wie ein Skifahrer vor einer schneelosen Piste. Und Dieter ging es nicht anders.
Auch er grübelte Tag und Nacht. Wir hatten uns eine Frist gesetzt: Bis zum 1. Oktober wollten wir uns entscheiden.
Ich wurde immer ungeduldiger. Was half mir ein fischloser See? Wenn ich es recht überlegte, waren Dieters Argumente für Forellen gar nicht so schlecht. Je öfter ich sie hörte, desto mehr schluckte ich sie. Wie ein Fisch den Köder. Am 1. Oktober gab ich mir einen Ruck. Ich fuhr mittags zum Fischzüchter im Ort.
»Kleine Forellen und Saiblinge für 5000 Euro? Kein Problem!« Er führte mich an den Becken entlang.
»Wo sind die Hechte?« fragte ich. Diesen Anblick wollte ich mir ersparen und das Becken umgehen! Aber nach einem großen Auftrag, der gerade raus sei, hätte er gar keine mehr. Ich atmete durch.

Wie aus dem Quellfluss

Die kleinen Forellen und Saiblinge waren quicklebendig wie aus einem Quellfluss. Ich machte das Geschäft klar. »Der Besatz wird heute noch geliefert!«, sagte er. Ich wartete am See. Als der Fahrer eintraf, wollte ich ihn zum Ufer dirigieren. Aber er hatte den schmalen Weg schon erspäht. Mit erstaunlicher Sicherheit fuhr er ans Wasser hinab. Eine halbe Stunde später war der Besatz im See. Der Fahrer kletterte zurück in seinen Lastwagen und ließ noch einen Gruß an Dieter ausrichten. Dann fuhr er mit einer Dieselwolke davon. Voller Vorfreude klingelte ich bei Dieter. Als erstes richtete ich ihm den Gruß des Fahrers aus.
»Verdammt!« sagte er, »das sollte doch eine Überraschung sein.«

»Dachte ich auch«, sagte ich.
»Du weißt also schon ...?«
»Natürlich weiß ich«, sagte Dieter.
»Und du weißt auch?«
»Logisch«, antworte ich, »war doch meine Idee!« Hatte der Fahrer Dieter im Lauf des Tages zufällig getroffen und von meiner Bestellung erzählt? Dieter strahlte mich an: »Für 4000 Euro Hechte. Für 1000 Euro Futterfische. Heute Vormittag besetzt. Was sagst du jetzt?« Mir wurde schwarz vor Augen. Darum gab es in der Fischzucht keine Hechte mehr! Darum hatte der Fahrer den Weg wie im Schlaf beherrscht! »Deine Argumente waren gar nicht so schlecht«, fuhr Dieter fröhlich fort. »Je öfter ich sie gehört hab', desto argloser hab' ich sie geschluckt.
Wie ein Fisch den Köder!«

*

KARPFENANGLER IM IRRENHAUS

Der beste Weg, ins Irrenhaus zu kommen, ist immer noch der: Sagen Sie einfach die Wahrheit!

Dieses Rezept funktioniert vor allem, wenn Sie als Angler mit einem Laien sprechen. Was wird er sich denken, wenn Sie zum Beispiel erzählen, letzte Nacht hätte Sie ein Karpfen geweckt? Natürlich sieht er Sie nicht zum Alarm Ihres Bissanzeigers von der Karpfenliege aufspringen. Vielmehr malt er sich aus, dass Sie neben sich im Bett, wo gewöhnlich Ihre Frau liegt, einen Karpfen unter der Decke wägen! Und der flüstert Ihnen mit Kussmund ins Ohr: »Aufstehen, Schatz, es wird Zeit!« Eine halbe Stunde später sitzen Sie auf der Couch des Psychiaters, der versunken in der Akte Ihrer Zwangseinlieferung blättert. »So, so, Sie meinen also, ein Karpfen hätte Sie geweckt ...« »Ich meine es nicht nur – es war so!« Der Psychiater nickt vielsagend.
»Können Sie den, ähm, Karpfen, näher beschreiben?«
»Und ob! 24 Pfund 125 Gramm, bullige Körperform, silberne Schuppen, die Schwanzflosse leicht verkrümmt.«
»Und wann hat Sie der, ähm, Karpfen geweckt?«
»Kurz nach drei.«
»Und mit welchem Geräusch?«
»Piep, piep, piep.«
»Er hat Sie mit einem, ähm, ‚Piep' geweckt?«
»Sage ich doch!«
»Und er lag neben Ihnen?«
»Quatsch, er war unter Wasser!«
»Ist Ihnen so was schon früher passiert?«
»Ja, jede dritte Nacht!«
Der Psychiater nickt in Zeitlupe, als wären Sie ein hoffnungsloser Fall, und ruft nach einer Krankenschwester »Dieser, ähm, Herr wird jede dritte Nacht von piependen Karpfen geweckt.« »Das hatten wir ja noch nie«, ruft die Schwester entzückt, »sonst sind es immer die singenden Mäuse.« Wenn Sie Glück haben, werden Sie bald entlassen – nicht als geheilt, aber als harmlos. Was Sie ja auch sind. Aber nicht für die Karpfen!

DUELL DER AUFSEHER

Er war der strengste Aufseher am See.
Doch eines Morgens wurde er auf frischer Tat ertappt.

Der Skandal nahm seinen Anfang, als ich durch den Morgennebel ans Ufer trat und etwas Unglaubliches erblickte: Ein paar Plätze weiter dümpelten drei Posen auf dem Wasser, doch am Ufer saß nur ein Mann: Wilhelm Senn, der berüchtigte Aufseher unseres Vereins. Dabei sind an unserem See nur zwei Ruten erlaubt! Da mein Platz im Schatten einer Hecke lag, hatte Wilhelm mich nicht bemerkt. Sein Silberhaar leuchtete aus der Dämmerung, und der strenge Blick durch seine Hornbrille, der sonst den Vereinskollegen auf den Fingern brannte, war offenbar an die drei Posen geheftet. In der Mitte stand ein dicker Hechtproppen. Links und rechts davon stachen zwei rote Wagglerspitzen aus dem Wasser.
Wie oft hatte ich ihn auf unseren Versammlungen gegen sämtliche Auswüchse des illegalen Angelns donnern hören! Am liebsten hätte er jeden, der einem Zander in der Schonzeit nur zuzwinkerte, lebenslänglich im Kerker schmoren sehen.
Und dieser Zentimeterfuchser, der sich nicht zu schade war, den gerade maßigen 60-Zentimeter-Hecht eines Kollegen so zu messen, dass nur 59 3/4 Zentimeter übrig blieben – der saß nun mit drei Ruten am Vereinssee an. Offenbar hoffte er, der Morgennebel würde ihn vor neugierigen Blicken schützen. Ihn, der so viele Feinde hatte, der fast jeden im Verein schon angeschwärzt hatte.

Eine glatte Lüge!

Mich hatte Wilhelm Senn einst beschuldigt, ich hätte gegen ein Nachtangelverbot verstoßen. Das war eine glatte Lüge! Ich hatte meinen Ansitz nur ein paar Minuten über die Abenddämmerung hinaus ausgedehnt. Aber die Welle musste erst vor den Schlichtungsausschuss des Vereins schlagen, bevor sie sich im Nichts verlor.
Kurz gesagt: Zwischen Wilhem und mir war noch eine Rechnung offen. So trat ich aus dem Buschwerk und grüßte ihn: »Petri Heil, Wilhelm!«
»Petri Dank!« donnerte es militärisch zurück. Der Kerl war nicht mal zusammengezuckt. Vor ihm lagen drei Ruten. Aber ich würde ihn schon noch in die Enge treiben.
»Beißt was heute Morgen?«
»Nein!«
»So viele Ruten im Wasser – und nichts tut sich?«
»Genau!«

»Dabei angelst du ja nicht nur auf Friedfische, mit den zwei äußeren Ruten – sondern auch auf Hecht mit der dritten Rute in der Mitte.« Jetzt schwieg er. Natürlich würde ich ihn nicht anschwärzen. Er sollte bei mir in der Schuld stehen – so tief, dass er mir keinen nächtlichen Ansitz mehr würde ankreiden können.
Ich ging zurück an meinen Angelplatz und dachte, gleich holt er die dritte Rute ein. Tat er aber nicht. Sein Stolz war größer als sein Verstand.

»Die Angelerlaubnis, bitte!«

Als die Sonne aufging, dümpelten noch immer drei Posen vor Wilhelm Senn im Wasser. Andere Angler, die inzwischen ausgeschwärmt waren, steckten überall am Ufer ihre Köpfe zusammen und zeigten auf seinen Angelplatz. Ich ärgerte mich: All diese Kollegen würden jetzt auch beanstandungslos bei Nacht angeln können.
Schließlich kam es, wie es kommen musste: August Häberle, der zweite Aufseher des Vereins, offenbar von einem Verräter alarmiert, trat an den Angelplatz von Wilhelm Senn. Die grauhaarigen Männer sahen sich wie beim Duell in die Augen. August zog schneller, und zwar seine Aufseher-Papiere: »Die Angelerlaubnis, bitte!« Wilhelm prüfte den Ausweis des Aufsehers, verglich sorgfältig das Passbild mit dem Gesicht. Das war höchst albern, denn beide Parteien kannten sich seit mindestens 30 Jahren. Schließlich kramte Wilhelm seine Angelpapiere hervor. »Hier«, sagte August streng und unterstrich mit seinem Zeigefinger einen Satz, »hier steht: ‚Das Angeln ist mit zwei Ruten mit je einem Haken gestattet.‘ Und was ist das?« Er zeigte auf Wilhelms drei Ruten am Ufer.
»Das sind zwei Ruten mit je einem Haken«, donnerte Wilhelm zurück. Inzwischen hatte sich ein Halbkreis aus schaulustigen und schadenfrohen Vereinskollegen um die beiden Aufseher geschart. »Unglaublich«, murmelte es aus der Runde, »Skandal!«, »Das darf nicht wahr sein!«, »Dieser Heuchler!«

»Gibst du's zu?«

Ich stand ganz vorne und sah, wie August die Röte der Wut ins Gesicht schoss, während Wilhelm nach wie vor die Unschuld spielte. »Das sind eindeutig drei Ruten«, brüllte August. »Und ausgerechnet du, Wilhelm!«
»Das sind drei Ruten, richtig.«
»Also gibst du es doch zu?«
»Was?«
»Dass du angelst mit drei ...«
»Nein, ich angle nicht mit drei Ruten!«
»Einkurbeln«, befahl August. Wilhelm holte erst die linke, dann die rechte Rute ein. Die Haken waren mit Maden beködert. Dann – zögernd, wie es

schien – kurbelte er die Hechtrute in der Mitte ein. Die Pose schob eine hohe Bugwelle vor ihrem Bauch. Was, wenn jetzt auch noch ein lebender Köderfisch ans Licht käme? Alle hielten den Atem an.

Die Pose hob sich aus dem Wasser, es folgte Schnur, viel Schnur – und dann sprang ein großes Sargblei aus dem Wasser, nichts weiter. »Diese Pose ist meine Futterboje!« erklärte Wilhelm. »Ich lege sie vor dem Angeln aus, dann treffe ich mit den Posen die Futterstelle besser. Und damit ich die Boje nicht im Wasser lassen muss, wie es einige Schweine tun,« – er fixierte kurz ein paar Gesichter in der Runde – »habe ich sie an dieser Rute befestigt und kurbele sie nach dem Angeln wieder ein.«

Allmählich begriffen wir: Wilhelm hatte, wie die Satzung es vorschrieb, tatsächlich nur zwei Ruten mit je einem Haken ausgelegt. Am Schnurende der dritten Rute hing ja lediglich ein Blei. August stammelte eine Entschuldigung, die Runde löste sich auf wie Morgennebel im Sturm. Und keiner der Gaffer, mich eingeschlossen, hat es jemals wieder gewagt, an unserem Vereinssee auch nur die kleinste Vorschrift zu übertreten. Aus Angst vor Wilhelms Rache.

*

Der Angelautor

Die Zahl der Weltwunder beschränkt sich nur deshalb auf sieben, weil das achte oft übersehen wird: der Angelautor! Er ist der einzige Angler, bei dem alles klappt; der einzige, der nie ohne Fisch nach Hause kommt. Wir können das später in seinen Büchern nachlesen.
Der Angelautor kann reisen, wohin er will: Der Fischbestand ist immer so dicht, dass er beim Auswerfen zielen muss, um mit seinem Blei keinen Kapitalen zu erschlagen. Und die Fische sind immer so hungrig, dass er seinen Futtereimer ein paar Meter vom Wasser entfernt abstellt, damit dieser nicht von hungrigen Flossen in die Fluten gerissen wird.
Der Angelautor kann ausprobieren, was er will: Seine neuen Köder sind immer so fängig, dass er durch ihr Auswerfen unter Wasser eine Massenschlägerei auslöst, deren Sieger sich den Köder schnappt. Und sobald er sich ein neues Vorfach gegen Fehlbisse bastelt, hängen die Fische so sicher, dass er sie nur noch mit Hilfe eines Presslufthammers lösen kann – was sich gut trifft, da die Maulgröße ein feineres Instrument kaum zulässt.
Der Angelautor kennt keine Niederlagen, er kennt nur Fänge. Er fängt mehr, als er tragen kann, fängt dort, wo andere verzweifeln. Er fängt bei Gewitter und bei Sturmflut. Fängt bei Ostwind und bei Erdbeben. Fängt vor dem Fischsterben und danach. Wenn er nichts mehr fängt, ist er tot. Wenigstens schreibt er keine Artikel mehr.
Was behaupten Sie da? Auch ich, Martin Wehrle, sei ein Angelautor? Stimmt! Aber sollen wir Autoren Sie denn langweilen? Sollen wir über Fische schreiben, die nicht gebissen haben? Über Angelversuche, die gescheitert sind? Über Reisen, die so langweilig waren, dass wir sie selbst schon beim Aufsetzen des Flugzeugs in Frankfurt vergessen hatten?
Vielleicht sollten wir, damit Sie sehen: Auch Angelautoren kochen nur mit Wasser! Aber wovon erzählen Sie Ihren Angelkollegen nach einem Tag am Wasser: von Fängen oder Nicht-Fängen? Was kleben Sie lieber ins Angelfotoalbum: Fotos mit oder ohne Fisch? Sehen Sie, Erfolg ist einfach spannend! Und wer wollte schon ein langweiliges Angelbuch lesen?

Einbandgestaltung: Karin Hauptmann

Alle Zeichnungen stammen von Karin Hauptmann.

ISBN 978-3-275-01868-0

Postfach 103743, 70032 Stuttgart
Ein Unternehmen der Paul Pietsch Verlage GmbH & Co. KG

3. Auflage 2019

Sie finden uns im Internet unter www.mueller-rueschlikon-verlag.de

Lektorat: Frank Weissert
Innengestaltung: Karin Hauptmann
Druck und Bindung: Graspo CZ, a.s., Zlin
Printed in Czech Republic

Martin Wehrles unschlagbare Fangrezepte

ISBN 978-3-275-02075-1
€ 16,95 / €(A) 17,40

ISBN 978-3-275-02000-3
€ 19,95 / €(A) 20,60

ISBN 978-3-275-02294-6
€ 24,90 / €(A) 25,60

Überall, wo es Bücher gibt,
oder unter:
WWW.MUELLER-RUESCHLIKON.DE
Service-Hotline: 0711 / 78 99 21 51

Müller Rüschlikon

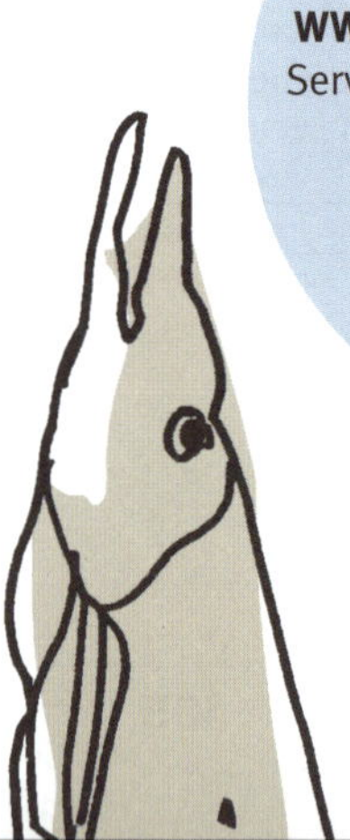

Änderungen in Preis und Lieferfähigkeit vorbehalten